百习而见商学院系列

翁春春　主编

精准定位

资深HR教你如何做好职业规划实现人生破局

翁春春　翁兴兴 ◎ 著

Precise Location & Occupational Planning

中国法制出版社
CHINA LEGAL PUBLISHING HOUSE

前言

20年前，中国似乎没有多少人在意所谓的“职业规划”，那时人们更在意高考填报志愿时选择什么专业。彼时的职业类别不多，而我们的未来大部分被父辈“越俎代庖”指定了：要么考研，要么当教师，要么考公务员，要么当兵，要么去国企……似乎那时什么都需要考试，选择也没有现在这般多样化。

随着社会经济的发展、文明的进步、社会分工的多样化，当下的中国，职业也越来越多样化、精细化，虽然不再像以前那么稳定，但也不再那么稀少。

我们很不幸，赶上了这个充满竞争的时代！

我们很幸运，赶上了这个自由选择的时代！

随着中国的发展，这种选择的多样化会越发明显，职业种类的更新速度也会越来越快。比如，网红这个新兴的职业正让无数的年轻人趋之若鹜，但这个职业能兴盛多久，谁也不清楚；又如，越来越成熟的AI技术会对未来的职业带来多大的冲击，谁也无法精准预测。

但可以预料的是，这种冲击一定会越来越大，一个职业从兴起到消亡的周期也会越来越短，短到以往一个可以持续几辈子的职业，在不久的未来可能只有3—5年的“寿命”，它会被社会新的分工方式所取代——这绝不是危言耸听，就拿人力资源的发展趋势说，多如牛毛的EHR软件越来越智能化，传统的人事已经逐渐走向衰落：考勤统计、工资核算、档案管理、入离职办理等工作的软件替代率已经越来越高，就连绩效、培训，这些有一定专业水平的岗位，其中的许多统计分析工作也将逐渐被大数据、云计算、人工智能的学习所部分替代或完全替代。

你的Excel用得再好，也没有软件的准确度高、齐全、分析速度快、管理便捷；你的PPT做得再快，也架不住一些“精美模板”的冲击。

这些还是次要的，最严重的是AI冲击。这种冲击早已被许多大人物警觉，比如已故科学家霍金。而让人遗憾的是，大多数人对此后知后觉。

10年前，谁会想到我们的手机是现在这样的呢？现在，淘宝可以根据后台大数据，分析你的软件使用记录，定期精准向你推送可能符合你需求的产品——你的习惯、行为、记录，全部被云计算掌控，再匹配以AI的学习能力，不久的未来，没有什么是不能被计算出来的。笔者在读《智能时代》时感到，整个社会都可以用数学解释，人类的语言其实只是一团编码，人类的信号也是一团编码，类似计算机程序，而整个人类文明都只不过是聚在一起的一团编码而已，而数学恰恰是编码的基础。

当然，我们今天在此讨论的目的不是推广软件，也不是“刷焦虑”，事实上，焦虑除了恶化自我情绪、把自己推向更焦虑的深渊，并无其他真正的用处，我们只想提醒各位读者，在这个什么都快速迭代的时代，保持对外界的敏感是使自己立于不败之地的前提之一。

从宏观层面看，这需要我们保持与时俱进的思维，那么具体到现实中的职业规划，又面临着哪些问题呢？

我们根据过往的观察和研究的上百万名职场人士和人力资源从业者的表现及经历做出总结，并以狭义的职业周期划分概念，将职业分为六个周期。

表 0–1 职业周期表

NO.	职业阶段	工作时间	社会特征
1	职业期待期	刚踏入社会	一腔热血，期待大展拳脚，凭兴趣找工作
2	职业磨合期	毕业 2 年	开始逐渐兼顾兴趣和现实，并经常“怒怼”领导，看不惯许多人和事，习惯性频繁跳槽
3	职业焦躁期	毕业 3—5 年	似乎每家企业、每个职业都不是自己想要的
4	职业倦怠期	毕业 5—8 年	职场“老鸟”，“血已冷”，被经济和现实打败
5	职业瓶颈期	毕业 8—15 年	猛然发现身边同学都已远超自己，不甘心，但已深陷泥潭，无法自拔，经常彷徨
6	职业转型期	毕业 15 年以上	失去了前进的动力，走向高层的路径就那么几条，不进则退，期待转型，却又不知何去何从

第一周期：职业期待期

工作时间：刚踏入社会

社会特征：一腔热血，期待大展拳脚，凭兴趣找工作

关键词：憧憬、热血、奋斗

典型问题：工作迷茫

原因：不懂事

对策：自我管理——学做事

对于许多人来说，这个时期可能是职业生涯中内心最辉煌的阶段，因为在接下来的几十年中，现实的打击和摧残可能让人永远也无法恢复到这个时期的自信水平。

如果你还年轻，刚踏入社会不久，请珍惜这段时期的年少轻狂，因为对于大多数人而言，这很可能是一生中唯一一次真正有梦想的机会。

然而在这个时期，年轻人最典型的问题就是空有一腔热血，却不知道到底应做什么工作——只想到了要撬动地球，却没找到能撬动地球的支点。经常想当然地找了一份工作，干了几天却发现不是"自己想要的"；不懂每个职业到底包含什么内容，想当然地以为某职业就是做什么的，结果很武断地认为，每个岗位都在做一些很低级的、很琐碎的事。

在这个时期，年轻人真正应该学习的是工作方式、思维模式、行为习惯、工作风格，因为任何职业在早期做的都是一些很初级的事情，在毫无基础的情况下，没有人敢让你去做"高精尖"的业务。这就像练功，不管修习哪个门派的武功，都要先练基本功，如练力气、耐力、速度等。

这个时期最要紧的就是耐住性子做事（而不是选择做什么事），把做事的基本思路、思维、方式方法学会，把习惯养成，因为不管未来做什么，这些都是必需的。

然而，许多人很随意地就把这两年荒废了。

第二周期：职业磨合期

工作时间：毕业 2 年

社会特征：开始逐渐兼顾兴趣和现实，并经常“怒怼”领导，看不惯许多人和事，习惯性频繁跳槽

关键词：潇洒、刚硬、自由

典型问题：选岗迷茫

原因：不懂人

对策：人际管理——学做人

现实中许多人的家庭条件并不是特别理想，所以无论从面子上还是从家庭经济上说，“啃老”都似乎有点说不过去。这时候，年轻人开始逐渐兼顾兴趣和现实，但由于看不惯许多人和事，经常“怒怼”领导，然后习惯性频繁跳槽，年轻人在这个时期追求的是：

潇洒——心不爽就走；

刚硬——看不惯就“怼”；

自由——被约束就走。

而由于这种选择，年轻人开始面临的现实问题是：似乎在哪个岗位都能碰到让自己“不爽”的事。

其实，这时问题的根源在于此时的你不懂人——不懂人心、人性、需求和欲望。每个人都有自己的利益，每个人都只顾着自己的利益，你顾你的，所以你想让你自己“爽”；别人也顾别人的，想让

自己“爽”，但资源就那么多、位置就那么多、事就那么多、权力就那么多、钱就那么多、机会就那么多，于是，当你的“爽”和别人的“爽”发生冲突的时候，总是会有人让你“不爽”。

因此，这个时期最需要学习的是人际管理——学做人。如果你学不会做人，社会会教你怎么做人。

第三周期：职业焦躁期

工作时间：毕业 3—5 年

社会特征：似乎每家企业、每个职业都不是自己想要的

关键词：浮躁、不公、不顺

典型问题：跳槽迷茫

原因：不懂社会

对策：情商管理——学自我调节

此时的你已经毕业 3—5 年了，发现似乎整个社会都在和你“作对”，似乎每家企业、每个职业都不是自己想要的，每个环境都那么让你难以接受，于是逐渐变得：

浮躁——心不定，习惯性想跳槽；

不公——“玻璃心”，习惯性抱怨别人；

不顺——活得难，习惯性低薪低能。

你在职场上似乎陷入了屡战屡败、屡败屡战的怪圈，甚至陷入了一个很郁闷的境况——跳槽迷茫，不知道到底该选择什么工作平台了。

其实这个时期最需要解决的是——学会自我调节（情商管理）。

日子总是要过的，不管好坏，但这一次你似乎“老实”了，因为面临着现实的压力，你不得不“老实”。

此时的你，逐渐进入职业周期的下一个阶段。

第四周期：职业倦怠期

工作时间： 毕业 5—8 年

社会特征： 职场“老鸟”，“血已冷”，被经济和现实打败

关键词： 麻木、懈怠、世故

典型问题： 跳槽迷茫

原因： 忘记初心

对策： 目标管理——学自我激励

这时的你，经过数年的摸爬滚打，在碰得头破血流之后“学乖”了。成功地成为老于世故的职场“老鸟”，热血已冷，被经济和现实打败，而且发现自己所在的单位又进了不少当初的“自己”，重复走着你之前走过的路，而你已经懒得再去提醒他们——走自己的路，让他们掉“坑”里吧！当有新人“冲”得很猛的时候，你偶尔甚至会冷嘲热讽一番——看，又一个不懂事的。只是偶尔夜深人静的时候，会忽然发现，自己似乎变成了原来自己讨厌的那种人：

麻木——懒得再去提醒了，别人的事关我什么事；

懈怠——懒得再去进取了，差不多就行了；

世故——懒得再去主动“出头”了，不求有功，但求无过。

而一段时间后，不管是主动还是被动，你又想跳槽了。你以为这一次自己积累了许多经验，该是把它拿出手来换取高工资、高福

利的好机会了，现实却继续啪啪打你的脸。每每看见一个很有前途的公司，可能只是因为暂时开不起足够你负担当下生活质量的薪资，就被你放弃了，但是放弃后偶尔想起时又会心有不甘，特别是在看见某某同事“逆袭”后，那种羡慕、嫉妒就会越发强烈。是的，你真的有点恨了，恨别人有好平台、好机会；恨自己没有好机会、没有争气。

其实，这种问题的根源是——忘记初心。你已经全然忘记自己当初到底想要什么了，你的目标早已被抛到十万八千里以外，说好的只是在这家公司、这个稳定的岗位上暂时沉淀、过渡，迫于家庭和孩子只是临时兼顾一下，后面还会继续腾飞奋斗的。结果一过渡一兼顾，就变成了自己都不认识的样子。

这个阶段要学会的其实是目标管理——学会自我激励，然后就这样继续沉淀一段时间。

第五周期：职业瓶颈期

工作时间：毕业8—15年

社会特征：猛然发现身边同学都已远超自己，不甘心，但已深陷泥潭，无法自拔，经常彷徨

关键词：焦虑、恐慌、急躁

典型问题：选岗迷茫

原因：害怕现实

对策：执行管理——学高效执行

这时候的你可能好歹也是个经理、小总监了，似乎看起来还不

错。但你猛然发现，身边同学都已远超自己，于是你开始逐渐不甘心，但已深陷泥潭，无法自拔，在深夜时刻你经常彷徨，越来越：

焦虑——为何我停滞不前了；

恐慌——面对新人的冲击，老板对我越来越不满；

急躁——想突破，却心有余而力不足。

这种长期的负面情绪再一次充满全身。你下定决心，从年初就开始完善简历，然而还没等找到合适的工作，公司业绩就开始下滑，而经历了这么多年的固化和沉淀，你似乎彻底失去了奋力一搏的勇气，好不容易“空降”到一个公司，但由于极度不适应，被各种排挤，参与各种“宫斗”，不得不满足老板的各种要求，开始出现了新的选岗迷茫。

你开始怀疑自己这么多年是不是做了一个假的HR，为什么六大模块全做，结果面试的时候却被一个专员给问住了；人力技能盘点表一做，发现一堆1分、2分的技能，3分技能也无非就是入离职、考勤、工伤社保、招聘。

你开始害怕现实，因为害怕，内心知道需要改变，但又不敢改变，此时的你最需要的其实是重拾自信。现实虽然不理想，但是也没你想象的那么残酷，最起码自己还积累了这么多年的社会阅历，这个时期你最该学习的是——执行管理，想得少一些、做得多一些、高效执行。因为想得越多问题就越多、困难就越多，你就越不敢去执行，而许多问题的答案其实恰恰只有在执行的时候才找到。

出路就像一层窗户纸，做就完了。退一步讲，不做，一定没出路；做了，还有一定机会找到出路。该学就学，该做就做，而偏偏有些人，在这个时期，依然没有选择正确的路径。

一晃已经35岁+了，你来到了职业周期的第六个阶段。

第六周期：职业转型期

工作时间：毕业15年以上

社会特征：失去了前进的动力，走向高层的路径就那么几条，不进则退，期待转型，却又不知何去何从

关键词：颓废、稳定、迷茫

典型问题：工作迷茫

原因：害怕变化

对策：人生管理——学自我认知

这个时期的你仿佛彻底失去了在职场上前进的动力，走向高层的路径就那么几条，不进则退，期待转型，却又不知何去何从，你逐渐变得：

颓废——已经不知道自己到底该做什么了，每天只是机械地做重复性工作；

稳定——可怕的，一成不变的稳定；

迷茫——前路彻底看不到任何希望。

经历了一个大的循环，你重新回到了当初的起点——工作迷茫。但是，此时你迷茫是因为你内心惧怕变化，害怕自己已经失去了改变的能力。但你又知道社会在变化，一方面害怕自己跟不上变化，另一方面又不想变化。你已经是被温水煮了十几年的青蛙，此时的你深陷泥潭，无法动弹。

实际上，此时你需要做的是学习——人生管理，重拾当初的理想（你已经有了资历，只是你还不知道而已）。你需要重新开启真正的自我认知，清醒地对自己进行一个完完全全的分析，分析你的资源、经历、阅历、关系、能力、兴趣、长项等，最后选出那条路，勇敢地前进吧！

以上就是我们针对每个职业阶段经常碰到的典型问题以及原因的分析和对策，仅供各位在职场上不断前进的读者参考。

未来，无论时代如何变化、社会如何变迁，只要我们有应对变化的心态和技能，就总能游刃有余地顺应社会变迁的趋势，从容自在地游弋在时代浪潮的前沿！

我们在研究中发现，大多数人缺乏的并不仅仅是选择的能力，更是选定目标后坚定不移地用科学有效的方法把选择落地实施、达成目标的能力。

本书不仅想要告诉大家如何作出适合自己的选择，更重要的是教会大家如何运用科学有效的方法，通过合理的努力实现自己的选择。

日　录

CONTENTS

第一章

三位一体，选定人生“三业”

不管做什么事，首先要明确方向，人的职业规划乃至整个人生的规划也一样。如果方向选错，会出现什么问题?

当下比较流行的35岁职场瓶颈现象是：一个人在一个高不成、低不就的平台上，离职则心里没底，找工作又没有竞争力；不离职则在现有平台上发挥不出能力、体现不出价值；同时又担心公司垮掉或被公司“优化”出去后失去竞争力，持续活在患得患失的状态中。

随着社会的不断发展变化，新行业、新人不断涌现，职场人逐渐产生对职业的焦虑、对平台的焦虑、对个人上升空间的焦虑，最后这种焦虑延伸到个人的生活、工作、学习中，他们开始四处寻求解决办法，但解决效果却不理想，最终陷入恶性循环。

这就是职业规划没有做好的结果：除了影响工作状态，还会影响生活状态、学习状态。

下面就以案例形式分析一下，是什么导致了这种现象的发生。

有些读者踏入职场的时间比较长，有10年甚至15年以上，对这点的体会就会相对比较深刻；有些读者刚刚踏入职场不久，感触还不是特别深；还有些读者还没有踏入职场，可能正在实习或者准备踏入职场，然而也会觉得迷茫，不清楚自己到底该干什么、该往哪个方向发展，觉得只要自己喜欢，似乎哪个行业都可以干几天，只要当下开心就好，其他的无所谓。

案例智库

笔者的一位同学当年是大专毕业，人很聪明，毕业后第一份工作是在一个鞋厂做储备干部；工作了两三个月后不想继续了，就跑去上海做生意，做生意的前两年倒是赚了些钱，后来由于管理不善，最终没有把钱存下来；结婚之后，笔者还和他合伙做过生意，但也是赚了点小钱后就没再继续了；再后来，他去企业上班，由于一直没有一个明确的规划，什么都做，做过房地产销售、电话卡销售、保险代理、证券经纪人……

但是，这位同学不管做什么都有两个通病：

第一，每一份职业坚持的时间很少超过 1 年；

第二，每次入职靠的都是开始时的 3 分钟热度。

他在每次开始时都对新工作充满憧憬，但做了一段时间之后就开始逐渐懈怠，最后麻木、厌倦，觉得很痛苦，然后换工作。他总觉得重新换一份工作就能从零开始，所以每次都是从零开始，包括考取证书、学历进修。学历进修时，有时已经学习了百分之七八十，只剩下最后一两门课程，但这个时候不知道出于什么原因，又放弃了。三十几岁的人，直到现在还是一事无成，没有一技之长，只能做点小生意，维持基本的温饱，境况堪忧，朝不保夕，这就是职业规划失败的典型状况。

第 1 节

人的四种状态

一、人在工作、学习、生活中的四种状态

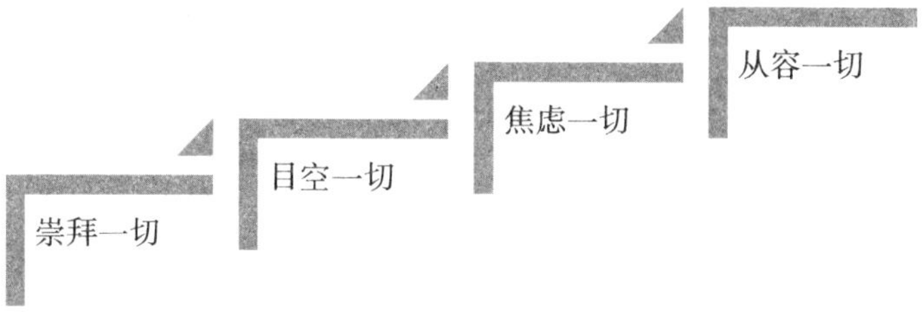

图 1–1　人的四种状态

第一种，崇拜一切。觉得什么都是“高大上”的，充满了新鲜感和好奇心。

第二种，目空一切。到了第二个阶段的时候，开始以为自己很厉害，然后目空一切，听不进别人的言语，觉得对谁都不必在意。

第三种，焦虑一切。对什么都感到害怕，对自己不自信，需要到处寻求自信，总是患得患失。

第四种，从容一切。知道自己该怎样、不该怎样，不去过分地争，

但也不懈怠。

二、四种状态的表现

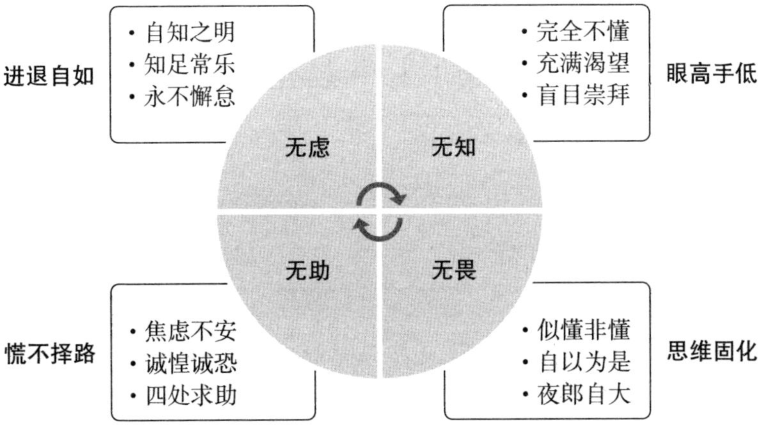

图1-2　人在四种状态下的表现

人的这四种状态分别对应无知、无畏、无助和无虑。

（一）崇拜一切——无知

这种状态指人对现有的知识和技能完全陌生，像新入职或者刚进入一个新行业、新领域、刚刚踏入社会的人，等等，他们什么都想学，觉得什么都是好的。处在这个阶段的人什么都不会，又觉得什么都好，通病是学了很多理论知识，以为自己掌握了多么“高大上”的东西，但真正做事时又容易眼高手低。

最典型的就是一些刚毕业的大学生，他们看到什么都感觉很新奇，疯狂学习各种知识、理论，出入各种论坛、活动，对各路“大神”盲目膜拜，但是一让他实施就不行了。他们可能招聘的理论学了很多，绩效的模型工具也收获了不少，但这时你让他做一份工作分析，他总结的信息很可能完全解决不了问题。

（二）目空一切——无畏

这种状态指人在社会上工作了几年，有了一定的经验。

比如，有的人在大公司做招聘和薪酬模块已经5年，就会很有优越感。特别是那些一毕业就进大公司的，大公司平台大，有比较成熟、完善的体系，于是这些刚毕业的学生误把平台当成自己的优势，以为自己什么都懂，其实很多专业的东西他们也只是似懂非懂，只会在自己的公司内用、只知道自己公司的流程与模式。

一些大企业的流程确实比较先进，但这些年轻人并不是“游戏规则”的规定者，只是执行者，最多在里面进行过修修补补，只知其然而不知其所以然。像从阿里巴巴、腾讯、华为这些大公司出来的人，只有在公司创业阶段就加入的、经历了整个公司的每个发展阶段的，至少参与过、经历过、见证过、体验过各种体系的，才有发言权。但那些在公司系统已经相对比较完善时才加入的人，或者从一个成熟、完善的大公司“空降”过来的人往往会觉得自己很厉害、很专业，容易夜郎自大、目空一切，甚至觉得企业现有的东西到处都存在问题，这也不好、那也不对，总觉得别人说的有问题，自己才是正确的。

如果你已经出现这种现象就要警惕了，这说明你可能已经进入了“无畏”的状态。

案例智库

笔者曾经有一位同事，是个 70 后，据说七八年前就已经是一家几百人公司的人事行政经理，后几年在一家咨询公司工作。一般而言，大家都会觉得一个拥有 10 年左右职业经理人背景，又有七八年咨询公司的历练的人会很专业，但来了之后才发现，他做什么事情都很死板，认为招聘只能怎样做、员工关系只能怎样做、绩效只能怎样做，且总是抵制公司的现有做法。

通过平时和这位同事的交流发现，该同事的思维已经完全固化，认为一些事情必须这样，而不能那样。实际上，企业管理中根本没有那么多“必须、应该”，企业管理最终是要解决问题的，只要能产生效益就可以。现在，很多大公司都提倡要“打破部门墙”。在当初笔者所在的 HR 部门，做招聘的同事要负责员工的试用期管理、要跟进一部分绩效工作；做培训的同事，特别是做大学生培养项目的负责人，从招聘、面试到后面的培训管理、员工关系、大学生薪酬等一整套的工作全部是由其一个人负责，以项目的形式开展，每一个项目都是单个人做全模块。因此，这位同事觉得大家做得很不专业，因为工作内容没有按照岗位职责进行区分。但事实证明，这种做法非常有效，许多 HR 变成了真正的 HRBP*，为企业带来了价值。

* HRBP：又称人力资源业务合作伙伴，即 Human Resource Business Partner。实际上就是企业派驻到各个业务部或事业部的人力资源管理者，主要协助各业务单元高层及经理在员工发展、人才发掘、能力培养等方面的工作。其主要工作内容是负责公司人力资源管理政策体系、制度规范在各业务单元的推行落实，协助业务单元完善人力资源管理工作，并帮助培养和发展业务单元各级干部的人力资源管理能力。

什么叫专业？可以解决问题的就叫专业！

很多人都以为自己很专业，其实不然，那只是你自己思维的固化。看不起这个、看不上那个，掌握了几个模型就以为自己什么都会、都懂。人一旦进入这种状态就会停滞不前。这就是为什么笔者一再强调，在学习的过程中要有“空杯”心态。

一个人在职业发展的过程中觉得别的什么东西都不好、只想听到和看到自己认可的东西，是很可怕的现象。因为在实际工作、学习、生活的过程中，很多真正“有营养”的东西并不都是被认可的，所以要学会反思自己。

一般而言，这类人在有 8 年以上工作经验、觉得自己在某个领域做得很不错并产生了所谓的优越感的人群中比较常见。笔者奉劝各位有一定工作经验的人从以下几个方面检视一下自己。

第一，认为只有模型工具才是专业的。

第二，看不起一些中小型企业老板的做法。

第三，认为“高大上”的东西才是好的。

第四，做什么事情都会条件反射般地想起流程和管理，喜欢把简单的事情复杂化，认为这才是专业的。

第五，听见有人讲新的知识，如果这个新知识符合自己的认知就会很开心；如果不符合自己的认知，甚至与自己的认知有一些冲突，就会鄙视别人，甚至在内心看不起别人，认为别人的认知不符合流程、制度、规范，等等。

如果已经出现上面的 5 种情况，那么你就已经陷入了第二个阶段——思维固化阶段。

（三）焦虑一切——无助

处于第二个阶段的人可能某天意外地参加了一次培训，或者遇到了某个高人点拨，或者在一次关键性的事件中受到了触动，忽然发现原来自己曾经很自以为是，发现自己还有很多知识不懂，甚至觉得自己之前的所有工作做得都非常不专业；越对比越觉得自己肚子里“没货”，越对比越害怕、越焦虑不安。于是他们开始诚惶诚恐地四处求助、疯狂学习、恶补知识、狂买书刊；听别人讲什么课程好就马上报名，乱学一通、慌不择路。

当看到别人跳槽成功时，自己就去修改简历，然后进行简历海投，可是一通操作下来，不是被面试人员问得语无伦次，就是因为许多体系内容自己完全不会而哑口无言。这时，他们就会陷入恐惧之中，然后开始利用各种时间盲目学习、疯狂“充电”，总感觉有学不完的知识、有层出不穷的技能，生怕自己落下了，或者没学好，但是到最后真正实施的时候，却又总是力不从心、无法落地。一个不小心还会患得患失，担心自己入错行，好不容易转行了，又会怀疑自己是否适合某个岗位，逐渐还会陷入焦虑，越来越迷茫、越来越盲目。

但学来学去，1—2 年后突然发现自己还在原地踏步，于是开始对自己的能力产生怀疑，怀疑自己是不是没有竞争力、悟性是不是跟不上、潜力是不是不行、能力是不是太差、是不是要被淘汰了……

这就是从一个自信的极端跳到了自卑的极端的状态，并且非常焦虑。

前面的这三种状态都是有问题的，那么，最后要达到什么状态呢？

（四）从容一切——无虑

处于第三种状态的人逐渐沉下心来、选定方向、一步步按着自己的规划做，不和他人比、只和自己比。他们结合自己的实际明确计划，知道自己擅长什么、不擅长什么，能做好什么、做不好什么，不强求，做好自己该做的。

这是基于个人特质的自知之明：当人处于困境中的时候，保持乐观、积极上进、对未来充满自信，相信通过自己的努力一定能解决这些问题；而当发现自己现状很不错，已经达到这些目标时又能不断鞭策自己不要掉进“安乐窝”，“生于忧患，死于安乐”，永不懈怠。

一个人如果有自知之明，懂得在逆境中知足常乐，在顺境中永不懈怠，保持良好的心态，就能做到进退自如、进入最佳状态。

这个阶段就是整个职业规划里面最需要的一种状态——无虑，其实整个人生最需要的状态也是如此。

第 2 节

职业规划 = 人生规划

职业规划基本等于一个人的人生规划。在我们小的时候老师就会问我们长大之后想做什么，大家回答说想做科学家、老师，想当兵，等等。其实这已经是在讨论职业规划了，但还不太科学。一个人在社会上，作为生产者和消费者，刚出生的时候是消费者，只能消耗资源。后来随着人慢慢长大，开始进入另一个角色，既消耗资源，又生产资源，有了真正的职业。

人生的幼年、青年、中年、老年、晚年五个阶段分别对应着职业规划的十大周期。

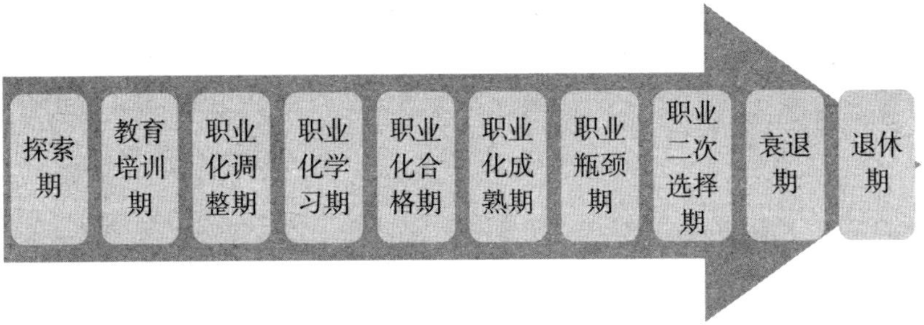

图 1-3　人生五个阶段对应的十大职业周期

探索期。这个阶段对应的一般是对一切未知的东西都充满了幻想、憧憬，对什么都很有兴趣、都想去尝试的幼年、童年阶段。

教育培训期。随着时间的推移，人逐渐长大，在步入青少年之后，开始在学校里接受系统的教育和培训，包括知识素养的提升、基础素养的提升，开始学习一些知识和技能。有些行业比较特殊，教育培训期比较长，踏入职场之后还需要进行再教育。比如我们可以发现最近几年，随着高考制度的开放，有些五六十岁的人还在参加高考、进修；还有一些做语言研究的人，如在古代汉语言领域，学习的周期也会拉得很长，会学到 30 岁甚至 40 岁。对于一般人来讲，教育培训期指的就是初中、高中、大学，对于学历稍微高点的硕士、博士生，在踏入社会之前的这段学习周期也是教育培训期。

职业化调整期。从学校出来之后、踏入社会、进入职场的第一个阶段是职业化调整期。什么叫职业化调整期？笔者通过下面的案例进行详细的介绍。

案例智库

大学生在整个学期的最后半年或 1 年通常会外出实习。有心的同学会发现，身边的同学在外出实习前是一种状态，实习几个月回来后是另一种状态，讲话做事都变得成熟稳重。在企业里做管培生的人很清楚，培训要做的第一件事情就是角色转变，也就是将一个人从学生转化为职场中的社会人，角色转变的过程就是职业化调整的过程。

职业化调整期指的是心态上的调整，一般这个周期的持续时间不长，为 1 个月到 3 个月，如果 3 个月还没有调整过来就算比较长了，属于异常。

职业化学习期。职业化学习期这个阶段，通俗来讲就是上岗培训、上岗实习阶段。它与后面的职业化合格期、职业化成熟期以及职业瓶颈期分别有什么差异呢？如果这里用任职资格体系的标准来对照讲解一下，就比较好理解。如果我们按照专业类划分，职业化学习期的人基本处在“打杂”的状态，类似助理，还不能独当一面。以人力资源助理为例，平时就是统计表格、整理档案、负责工伤社保等，协助人事专员、主管开展工作。这就是职业化学习期。

职业化合格期。到了职业化合格期，即助理专员阶段，就不再需要别人的协助，虽然还不能独自做一个模块的全部工作，但至少可以做一些基础性的工作了。这个角色在企业中比较多，这类人不再需要别人带领，只要给他们安排工作就可以。到了这个阶段的人对企业和社会才开始逐渐产生真正的价值，这些人虽然还不能独当一面，但是主管、领导已不用再过多操心。

职业化成熟期。职业化成熟期，是指在专员主管的岗位上工作 3 年至 5 年，已经熟练掌握整个模块，可以独当一面，无须上级操心就可以熟练地规划和实施整个模块的工作，处在这个阶段的人在技能程度上达到任职资格标准中的 3 分。读者伙伴们根据这个就可以在职业规划的表单上评估自己的技能掌握程度，3 分就是指在某个领域已经达到了成熟阶段，已经可以独当一面了。

职业瓶颈期。职业瓶颈期，是指在一个领域已经做了很多年，例如一直做招聘做了 8 年至 10 年，这个时候，现有工作已经做得非常纯熟，处理问题也是游刃有余，但是却很难向上突破。处在这个阶段的人在技能程度上达到任职资格标准的 4 分，属于“高手”级别，能带他人学习，也能解决模块内基本的“疑难杂症”。

对专业岗来讲，这个阶段就类似于高级专员，不但可以解决本模块的很多“疑难杂症”，还可以教人、带人。

对管理岗来讲，到了这个阶段就相当于达到了中层管理的水平，也就是我们通常所说的部门经理，除了完成本职工作，更多的是要带人，指点下属完成工作，确保部门工作指标达成。

职业二次选择期。这个时候，人生职业基本属于第一次达到顶峰，然后逐渐就会出现 35 岁现象。这个时候，虽然向上突破很困难，但是向下降更不现实，自己也会感觉没面子，而且此时无论是从收入上，还是心态上说都已承受不起这种下降。这个阶段就是职业二次选择期。

一般处在这个时期的人有两种选择：一种是选择下一周期，即进入职业二次选择期，就是突破，开始转型，他们开始拓宽自己的知识面，从经理级别真正升到总监级别，从中层真正跃进高层，能力和思维都跃进了高层，这就是突破。专业类岗位同样如此，从高级专员转化为资深专员，即本领域内的资深专家，只要是本领域内的问题都能解决。管理类岗位至少会突破到高管，这就是职业二次选择期。有一些人会选择突破，但更多人无法上升，只会停滞不前。

衰退期。从职业二次选择期到衰退期差不多要经过 10 年，基本对应人的 40 多岁。40 多岁，如果在前面积累时没有掌握科学的学习方法，那么这时不管从体能，还是思维上都已开始走下坡路，竞争不过年轻人，这就是衰退期。它持续的时间比较长，会一直持续到退休前。

退休期。这是人完成了社会责任、安享晚年的阶段。

以上内容就是整个人生的 10 个周期，读者朋友们可以对照自己当下的情况，梳理一下自己当前处在什么阶段，对自己有一个清晰的定位。

第 3 节

职业规划的三大核心

在明确自己目前处于职业规划的哪个阶段后，如果想真正做好职业规划，还需要了解一个核心，也就是图 1–4 中的三个点：擅长、兴趣、实际。

图 1–4　职业规划的三大核心

上学的时候我们经常会听老师说一句话——功夫不负有心人。

但有些事情可能一开始就是错的，于是做再多的努力也是白费力气。同样地，对一件事情感兴趣，并不代表最终能把这件事情做得很好。

为什么？

举一个极端的例子：假如你是一个瞎子，却非要去学音乐指挥，要付出多大的努力才能成为一位优秀的指挥家？假如你是一个哑巴，如何才能成为一个歌唱家？

笔者在现实生活中也碰到过类似的事情。当时，笔者在企业中给一名大学生做职业规划，该学生选择从事管理工作。笔者告诉他，他不适合做管理职位，但该学生不相信，坚持要挑战，觉得自己能突破障碍。这位学生性格特别内向，非常不擅长和别人交流，不管与对方是否熟悉，都不喜欢交流。有些人和不熟悉的人没话讲，但是和很熟悉的人话特别多，这种人只是不喜欢和不熟悉的人交流而已，并不代表他不擅长交流。但是这位同学对熟悉的人也不善于表达，笔者每次与这位同学讲话都感觉特别费劲，后来问他的同学，大家都说他就是这个样子，和谁都不愿意讲话。

实际上，这位同学自己明确表示过很想交流，但就是觉得无法成功，突破不了内心的屏障。有这个障碍在，做管理怎么能成功呢？做管理是需要会沟通的。该同学硬扛了两个月，整个人非常难受，每天活得很痛苦，不明白为什么自己付出了这么大的努力还是做不好。

做自己不擅长的事情通常会事倍功半、吃力不讨好。

后来这位同学实在受不了便离职了，至今已经3年，听说现在在一家公司做研发工程师，做得还不错。前段时间笔者在线上联系了他，询问他的近况，以及还有没有兴趣再做管理，这位同学回了一个很含蓄的笑的表情，其实笔者已经知道他是什么意思了。

如果你没有超越常人的韧性和毅力，千万不要跟自己的特质过不去，逼自己做不擅长的事情。

做擅长的事情，会经常得到一些正向的反馈。比如有些人擅长做开发，喜欢一个人研究，这个时候，只需要给他提供一个环境，他钻研起来就会比别人快很多，会逐渐获得别人的认可。每次做得又好又快，形成一种良性循环，越来越自信、越来越想做，最后喜欢上这件事情。

相反的情况是，一个人不擅长某件事，他在做这件事的时候就往往需要付出很多的努力，最后的结果一般是比别人差。在这种情况下，绝大多数人做的时间长了，就会承受不住压力，甚至还会怀疑自己，他们的收入也会受影响，在和其他人对比时，同样都是毕业几年，有的人很快如鱼得水、步步高升，有的人却始终升不上去。

什么是擅长？做同样的事情，花同样的时间，比一般人做得好，甚至花比别人少的时间做得也比别人好，这就是擅长。

什么是兴趣？内心真正喜欢的。

什么是实际？做这件事能养活自己。

因此，大家在做职业规划的时候，需要从“擅长”“兴趣”“实际”这三个核心要点着手，选择适合自己的职业路径。

第4节

职业规划的三种选择

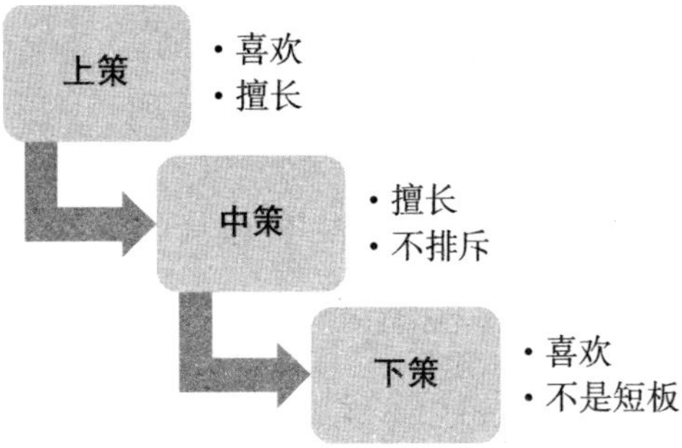

图1–5　职业规划的三种选择

在上一节我们介绍了职业规划的三个核心，那么，职业规划到底有几种呢？

职业规划是在我们对主观条件进行测定、分析、总结的基础上，对自己的兴趣、爱好、能力、特点进行综合分析与权衡后，确定的职业奋斗目标。

对自己擅长的点和兴趣进行盘点是职业规划选择的基础依据。

一个人为自己做职业规划时一般有上中下三条路径，如果没有和这三条中的任意一条重合，那么这个职业规划一般会是不合格的。笔者下面通过实际案例的形式跟大家详细讲解具体路径。

一、下策：喜欢＋不是短板

在三种合格的职业规划里面，下策就是：这件事情你很喜欢，虽然不是很擅长，但也不是你的短板。

比如有人找了一份文案的工作，这份工作的主要内容是写文章。这个人很喜欢写文章，但写文章不是他的长处，水平不高也不低，和一般人差不多，由于他非常喜欢，就会付出很多努力，同时在这些努力之下，会慢慢地把一般的技能在原来的基础上再提升一步，最终熟能生巧。可能大多数人是 60 分，但这个人通过自己的努力可以提到 70 分，70 分就是良好，已经足够将工作做好。这就是下策，虽然不是很擅长，但也不是你的短板，因为喜欢，还是可以做得不错的。

二、中策：擅长＋不排斥

笔者继续用写文章的例子分析，大家理解起来也比较连贯：有的人可能上学的时候文科就很好，而且很擅长写文章，虽然对写文章不是很感兴趣，但是领导布置了也能写下去，并不排斥。这种人擅长写文章，虽然不喜欢，但也不排斥，由于是擅长点，经过一段时间，他的水平可能会达到 80 分。

如果做一件事情的满分是 100 分，在下策中一般只能“修练”到 70 分或 75 分，但在中策中是有可能做到 80 分的。

三、上策：喜欢 + 擅长

假如一个人喜欢写文章，同时对此又很擅长，就可能一心一意、把全部精力都用在这件事上，甚至痴迷于这件事，同时在工作和学习中能保持极佳的状态，在这种情况下，他很可能达到 90 分甚至 95 分，这是很高的分数。

举一反三

下策：选择一种职业，喜欢它，而且又不是短板，这份工作能做到 70 分，达到良好。

中策：选择一种职业，擅长它，并且不排斥，这份工作能做到 80 分或 85 分，达到优秀。

上策：选择一种职业，擅长它，喜欢它，这是一种最佳选择，可能做到杰出甚至卓越，达到真正的职业顶峰。

有兴趣的读者可以对照笔者开发的《职业规划表》（详见附录）系列表单进行演练，逆向评估自己当下的状态，并结合自己目前从事的工作、从事的模块，判断从事的岗位是不是自己喜欢的、是不是自己擅长的，再进行排列组合，就能知道自己当下的职业选择处在一个什么状态了。

第 5 节

结合实际的职业规划

上述部分是以兴趣和擅长作为方向，但是真正在做职业规划的时候，还要考虑实际情况。

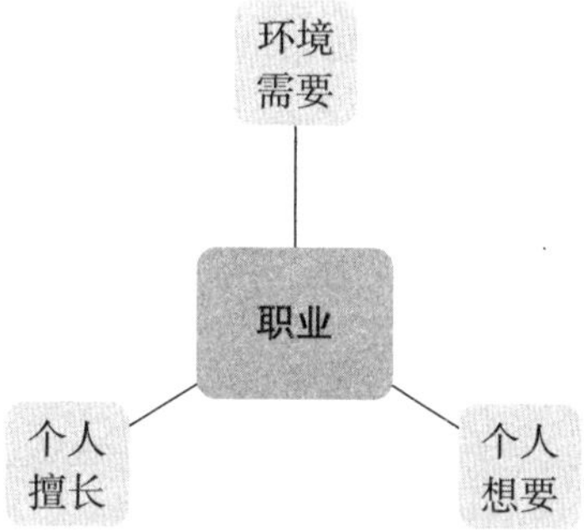

图 1-6 做职业规划时要考虑的要素

在做个人职业规划时，除了个人擅长和个人想要（兴趣）之外，还要考虑环境需要。

从大的方向讲，环境是整个社会大环境。如 UI 设计师的工作主要是通过电脑进行产品画图。假如能够穿越到 300 年前，这个岗位就是没有价值的。

如 20 年前的自行车修理工，当时的大环境很需要这种社会服务，很多人也因有这样的手艺开起了店铺，做了老板。然而在今天的大环境里，还有多少只会自行车修理的岗位呢？在今天，仅靠这一个手艺，能继续生存吗？

这就是基于大环境的选择，在大环境中没有生存机会，就不会存在小环境。

因此，一定要先考虑大环境，再考虑小环境。比如你在一家企业做员工关系及入离职等基础性工作，但是随着公司一线岗位的外包以及公司一些 HR 专业系统的上线，以往你的工作现在只要员工动动手指，在系统上靠个人就可以操作了。这个时候你的境遇就会比较尴尬了：如果不想离职，就要考虑这家企业对内的职业要求，以及这家企业的发展状况如何、将会有什么职位可供选择。如果在公司发展的过程中这个职位即将消失，那么这个时候你要么选择换平台，要么就需要对自己的情况重新审视了，毕竟，理想要结合实际。

第 6 节

人生“三业”

整个职业规划也可以分为图 1–7 的三个大的阶段。

图 1–7 人生“三业”

一、先解决肄业问题

首先要做好该做的事情，这里指社会、公司、家庭需要你做好的事情。

比如笔者之前有个伙伴有好几年工作经验，算是比较丰富，外出竞聘也可以获得一个小公司经理的职位，但在他家附近没有这样的机会，于是就想去另一个城市发展，也面试上了一家公司。但去了以后，他发现家里根本不支持自己在那个城市发展，于是试用期还没过完，就选择回到离家近的公司发展，这就是家庭需要他做的事情，因为要兼顾家庭，所以不能去其他地区发展——先要能够生存，才有后面的发展。

在公司里将该做的事情做好，生存下来，后面才会有发展的机会。

先解决温饱问题、生存问题，在你有了一份工作之后，就可以结合自己的实际情况，设定详细、明确的职业路径规划图，然后一步步按照它去实施，进行目标管理，每一步都按照大的方向走，就能实现。

二、做出自己的事业

当技能、资源、经验都积累到了一定程度，你就会逐渐有自己的事业了。这时做自己的事业，就是指自己擅长的事情。在第一个阶段做的事跟自己实际相关，它以实际情况为出发点，生存实际是最主要的参考对象。到了第二个阶段可以有自己事业的时候，就要以擅长点作为参考对象了，因为这个时候，你要靠自己的擅长点来支撑自己，靠这个能力、天赋在社会上立足，同时做到出类拔萃、脱颖而出。

三、从事自己的志业

当你事业有成，并拥有一定的物质基础后，便可以开始做自己喜欢的事情——志业（早期的志向）了。此时的你可以博取利益最大化，以自己擅长又不排斥甚至稍微还有些兴趣的事作为支撑获取资源，为以后做自己最喜欢的事情做铺垫、打基础。

前段时间接触到的一位合作伙伴就是这样的。他之前是做培训的职业经理人，经过十几年的沉淀积累后，他突然发现自己对这方面虽然有兴趣，也擅长做这类事情，但不是最终想要的。他最终想要的是，做青少年成长的教育公益事业。做公益要有一定的影响力和金钱，前期是要投入资金的，就算不投入资金，也要在社会上有号召力和人脉。这是很现实的事情，否则谁会搭理你、谁会信任你呢？

这位合作伙伴于是成立了两家公司，一家是培训公司，一家是公益公司。两边都做业务，一方面靠培训公司挣钱来补贴公益机构的开支；另一方面靠公益公司做自己喜欢做的事情，同时开展事业和志业。但笔者并不支持普通人这样操作，因为一般情况下，人的能量是有限的，如果自己的家庭生活已经陷入了困顿的境地，温饱尚成问题，谁还会有余力去做自己感兴趣的事情，并且做好呢？

有些在职场上待得比较久的人在经过盘点之后发现自己想做这个、想做那个：有的人想开花店，有的人想开书店，这些都没问题，但是在开花店、开书店之前要首先评估一下自己当下的状况，比如自己有什么资源、什么储备可以支持自己做好这件事情。笔者并不是不鼓励大家去创业，而是创业艰难，如果能够准备万全，为什么一定要破釜沉舟呢？大家都是有家的人，不能拿家庭的幸福开玩笑。

很多人都想创业，笔者建议大家在创业之前要想清楚，提前准备好，给自己留好后路，并奉劝大家不要迷恋破釜沉舟，如果心不够大，胆不够“肥”，心理抗压能力不够强，最好不要做破釜沉舟的事情。否则等到釜破了、舟沉了，却打不赢，被困难灭了，悔之晚矣。

综上所述，做职业规划时需要注意以下几点。

1. 确定自己目前处于一个什么状态。

2. 确定自己目前处在哪个职业周期。

3. 对照表格盘点自己擅长什么、对什么感兴趣、社会和公司的现状是什么、环境的现状是什么，对自己未来的职业定位有一个大致的规划。

4. 最后，明确自己长期的发展方向。

第二章

四个步骤，锁定精准职业方向

第一章主要是帮助读者盘点自己目前所处的职业规划阶段，大概了解职业规划的着手方向，从宏观的角度对职业规划进行了一个整体的描述和对照，那么，本章将重点从操作的层面教大家如何精准定位个人职业规划方向。

第 1 节

明确标准，挖掘自我天赋

一、什么是天赋

天赋反映一个人能做什么，擅长做什么。那么，什么叫天赋？我们可以从如下图所示的四个层面进行理解。

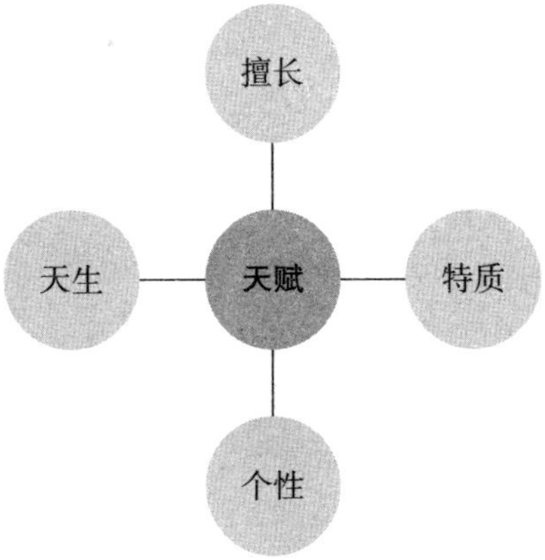

图 2-1 天赋的四个层面

（一）擅长

你擅长的意思就是，做同样的一件事情或一类事情，如果与别人花费的时间是一样的，你做的效果比别人好；如果和别人做同一件事情，达到同样的效果，你花费的时间比别人少；或者与别人做同样的事情，你花费的时间比别人少，效果也比别人好。

擅长与不擅长是一个相对概念，需要选取一般的人，也就是普通大众作为参照物。比如笔者认识的一个人，这个人和别人一起去学开车，只需要听师傅讲一下，再看其他人操作一下，自己再去实践两次，两三天就可以上路了，而一般人学开车，谁敢学两三天就上路？但是这个人后来去学办公软件，很简单的 Excel 和 Word 表格，学了一个星期都没有做出来，其间还向笔者请教过基本流程的内容。所以，这个人很可能擅长一些记忆性的、动手操作的事情，却不擅长动脑的。

（二）特质

这是指你外在展示出来的特点，明显与别人不一样的地方。比如有些人比较有艺术气息，大家就会说这个人“文艺”，像个“文艺青年”；或者大家会说某个人气场很强大，只是站在那里不动也不说话，就会让人产生害怕、尊重的感觉，像领袖一样。这就属于特质，它是一个人与生俱来的、与别人不一样的气质、特点。

（三）个性

即人的性格。比如有些人天生就是外向的，比较活泼开朗。乐嘉*有一个性格色彩分析方法：红色代表奔放，这种性格的人适合冲在前面、抛头露面；蓝色代表缜密、严谨，如果总是让一个蓝色性格的人抛头露面，他就会很不开心。腾讯公司主要创办人之一马化腾就是蓝色性格比较明显的人，非常不喜欢抛头露面。但 BAT** 里的另外一个巨头，马云就是典型的红色性格。但他们都有黄色性格的一面，就是目标感比较强。他们的个性不一样，所以腾讯和阿里巴巴走的路也不一样。

关于每个人的个性是外向的还是内向的、比较安静还是好动、是强势还是温和等，都是天赋的一部分。

（四）天生

即一个人与生俱来的能力。这种能力似乎是基因里自带的，一个人可能从小就在这方面崭露头角，在踏入社会之后更难改变。比如有的人智商高，小的时候数学成绩就很好，天生逻辑思维能力强，这并不是后天培养出来的，这就是天赋。

综合起来，可以从四个方面看天赋。

第一，是不是个人擅长的。

---

* 乐嘉：中国内地主持人、作家，1975 年 5 月生于上海，祖籍浙江省宁波市，中国性格色彩研究中心创办人，“FPA 性格色彩”创始人，演讲家和培训导师，上海大学悉尼工商学院、西北大学管理学院以及河海大学客座教授及清华长三角研究院、上海戏剧学院、武汉大学、中山大学特聘导师。

** BAT：B 指百度、A 指阿里巴巴、T 指腾讯，是中国三大互联网公司百度公司（Baidu）、阿里巴巴集团（Alibaba）、腾讯公司（Tencent）英文首字母的缩写。

第二，是不是个人和别人不一样的特殊的气质、特质等。

第三，是不是个人的个性、性格。

第四，是不是一些天生的能力。

将以上四个方面组合在一起看就是天赋。比如一个人天生擅长画画，我们就说他有绘画天赋；还有一些人从小考虑问题就特别全面，他们从小喜欢下象棋、围棋，而且下得特别“厉害”，这些人可能就擅长布局规划，这样的人如果以后做人力资源，就可以选择人力资源规划、绩效薪酬之类的工作；还有一些人天生擅长交际，小时候就很会讲话、左右逢源，那么这类人以后可能就比较适合做人力资源中的员工关系、招聘、培训等工作。

通过以上几个例子，希望读者可以了解天赋是什么、可以从哪些方向反推某种能力是不是个人的天赋。

课堂演练

各位读者可以尝试从以上四个方面入手，倒推自己到底擅长做什么。

二、如何发现自己的天赋

事实上，在现实生活和工作中，许多人对自己的天赋是不了解的，那么，究竟该如何合理利用自己身边的资源，发现自己的天赋呢？伙伴们可以参考以下操作方式，对自己有一个清晰的认知，发现天赋，让自己的职业发展道路更加顺畅。

（一）发掘擅长的操作技巧

1. 回忆自己生活中曾经做过的事，对比选出相对擅长的。

2. 回忆自己工作中曾经做过的事，对比选出相对擅长的。

3. 回忆自己学习中曾经做过的事，对比选出相对擅长的。

（二）发掘特质的操作技巧

以自然的状态接触多个陌生人，然后请陌生人对自己进行评价，问一问对方对自己的第一印象是什么，尽可能多找一些人、多问几个点。

比如在认识不久的朋友中，可以找一些人做个调查，了解一下：

1. 他们对你的“初印象”是什么。

2. 经过交谈后他们对你有哪些认知，比如文艺、洒脱、小清新、成熟等。

3. 通过观察你的行为习惯，他们觉得你具备哪种气质。

4. 他们觉得你比较像电影或者书中的哪位人物、哪些气质比较相似（可以让对方举例，自己验证）等，问题可以根据实际设计。

（三）发掘个性的操作技巧

请身边的熟人，如同事、同学、朋友、家人、亲戚等对自己进行评价。尽可能多找一些人、多问几个点。

比如跟身边的同事、朋友可以做个小调研，了解一下：

1. 自己在平时的工作或者生活中，给他们感觉是什么样的性格。

2. 哪些星座的个性特点和自己相似度比较高。

3. 朋友们觉得自己是内向的还是外向的，是蓝色性格还是黄色性格。

4. 最后，总结朋友们提到的相同个性，这些一般都比较符合自己的个性特质。

（四）发掘天生的操作技巧

请长期接触的熟人，如至亲、好友、发小儿等对自己进行评价。同样也是尽可能多找一些人、多从不同的维度进行提问、获得不同人员对自己的评价。

第 2 节

结合实际，盘点自我天赋

在明白自己擅长做什么后，要结合实际盘点自我天赋。个人的擅长点、特质、个性、天生的或与生俱来的这些东西只存在于你个人身上，但这些东西能否成为你日后谋生的手段、安家立业的根本、在社会上打拼的资本，还要结合实际考虑。先看宏观层面，可以从如下图所示的六个方面考虑。

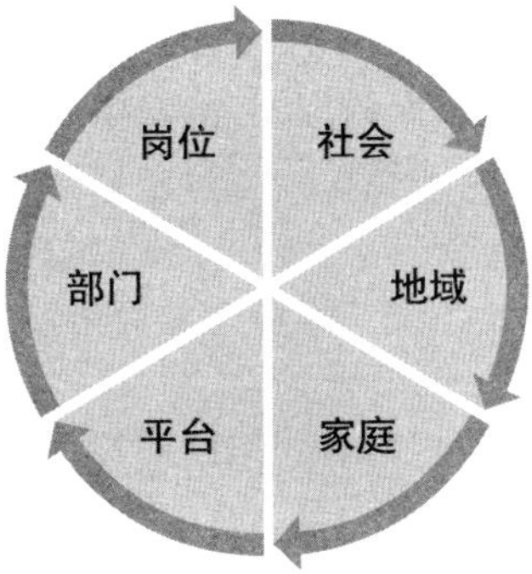

图 2-2　盘点自我天赋的六个方面

一、社会

即从大环境看个人的特长是否为社会的普遍需求，在上一章已有举例。国内有项职业——职业规划师，至少到目前为止，一直未能真正成熟，但这个职业在国外已经比较成熟。笔者曾经看过一篇报道——在美国，平均每500个人中就有一位职业规划师提供职业生涯规划的咨询服务。读者可以调查一下，在中国，可能5000个、50000个人中都找不到一个职业规划师，为什么？

这与社会环境有关，职业规划师做的是细水长流的工作，短期内很难立竿见影地见到真正的成效，因此想看到职业规划的效果，是需要相对长的时间和周期的。其他的许多工作则不然，见效较快，比如技能培训，可能当天就会看到效果。而短期的职业规划也至少一两年后才能看到效果，长期的规划可能需要5年至10年。一般人都会在漫长的等待中失去耐心，进而丧失对职业规划师的信任。

从另一个角度看，国人当下还处在物质刚刚富裕的阶段，注意到精神需求的时间还不算长，因此大多数人对职业规划的要求不高，觉得职业只要能解决生存问题、能赚钱就可以。

不过，随着社会的发展，精神文明会越来越受到重视。十几年前，这个职业就不能成为一个人的安身立命之本，只能是辅助手段。但是如今，社会已经发展到一定阶段，职业规划师这个职业逐渐兴起，可能在未来的5年至10年后会成为社会的主流。和心理咨询师一样，在20年前很少有人需要它，就算有人从事心理咨询工作，实际上愿意去咨询的人也并不多，因为没有多少人愿意承认自己的心理出现了问题。因此，这些职业在当时的社会背景下都是不合时宜的。

但现在社会变了，越来越多的人意识到自己的心理问题需要解决，越来越多的人觉得自己的职业必须要有明确的规划。此时，假如你擅长这两件事情，你的技能就是有市场需求的，完全可以依赖这两项技能立足于社会，并不断发展。这就是将自己的擅长点与社会需求相匹配。

二、地域

如果你觉得在社会上自己的擅长点能够使自己立足，接下来就要看你生活的国家和城市。如果一个人生活的城市不需要修理自行车这个擅长点，那么，你再擅长修自行车也没用，因为没需求。如果在一个地方有自行车，且有很多人需要修自行车，你才能借此安身立命，这是客观要素。一个人的技能、擅长点能不能在当地发挥出作用是很关键的。

三、家庭

每个人在小时候选择学校、长大后选择职业的过程中都容易受到家人的影响。选择学校时受原生家庭影响，长大成家后找工作会受现在家庭，也就是组合家庭的影响。丈夫找一份工作，妻子可能不喜欢，就不让丈夫去做，反过来也是一样。这时就要考虑家庭的实际，这份工作家里人是否认可、是否支持，是不是被原生家庭支持、是不是被组合家庭支持，这涉及未来家庭在精神上的和谐。所以在真正择业的时候，这个要素是不能被忽略的。

社会、地域以及家庭三个维度是刚性的、不容易改变的，择业时如果真的要挑战这三个条件，代价会非常大。除了以上三个方面，还有以下三个方面需要考虑。

四、平台

在你目前身处的平台，不管是事业单位还是企业，个人的天赋有没有用武之地是很重要的。一个人很擅长招聘编程人员，可是公司根本不存在招聘这个岗位的机会，那么这个擅长点在这个平台的作用就不是很大。

五、部门

如果公司有平台，就要考虑所在部门是否需要做这件事了，如果部门不需要，你实践起来也会束手束脚、施展不开。

六、岗位

如果部门有需要，就要考虑本岗位职责中有没有这项、需不需要做这件事。现在令很多人痛苦的是：空有抱负，却无用武之地。

很多 HR 从业者都想做全模块，可是岗位职责决定他做不了全模块。

这就是把自己的擅长点和你目前所处的大环境以及小环境结合起来进行对比、盘点，最后得出哪些是你能做的、哪些是你不能做的。

第 3 节

逆向思维，发掘内心兴趣

要学会用逆向思维发掘个人内心兴趣，先要明白到底什么叫兴趣。

兴趣是一个相对的概念，与擅长类似，是对比出来的：擅长是和别人比，兴趣是和自己比。

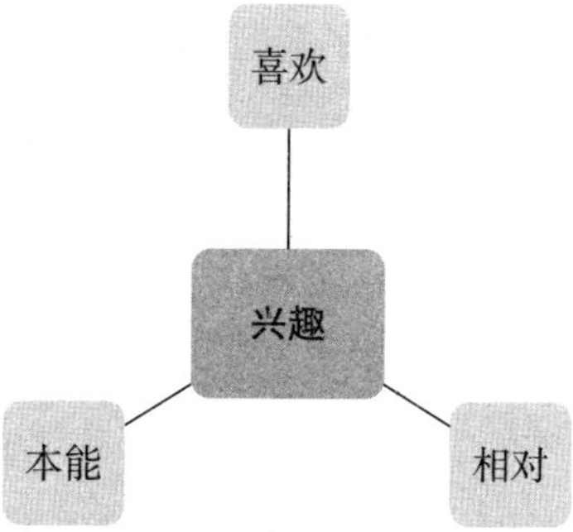

图 2-3　什么是兴趣

假设有五件事情摆在一个人的面前：唱歌、跳舞、吃饭、睡觉、爬山，在没有任何外界因素影响的情况下必须选择做其中一种，如果这个人选择的是爬山，那么爬山就是他最感兴趣的。

因此，兴趣是对比出来的，毕竟大多数人都“爱好广泛”。

怎么给兴趣排序？很多人认为排起来很困难，是因为他们用了正向的思维排序，因此很难排，这时就要运用逆向思维。

一、“只留一个”

第一步：把自己感兴趣的所有事情，用脑力激荡法*一个不漏地写下来，列在一张清单上。

第二步：开始不停地跟自己说——假如这些选项里有且只有一项可以保留，其他什么因素都不考虑，最想保留的一项就是自己最喜欢的。

当然，这种方法有一个弊端，就是一旦选项多到一定程度，就会很难区分，这时还可以用另外一种逆向思维的方法。

二、逆向排序

第一步：同第一种方法，把自己感兴趣的所有事情，用脑力激荡法一个不漏地写下来，列在一张清单上。

第二步：列好之后，假如有 20 项，拿出一支笔，问自己——在这 20 项中，如果必须取消一项，会先取消哪一项，被取消的这项的排名就是第 20 位。

第三步：然后再问自己——在剩下的 19 项中如果必须取消一项，

---

* 脑力激荡法（Brainstorming）：又称头脑风暴法，1938 年由美国的奥斯朋（Dr. Alex F.Osborn）所创。即利用创造性想法，集体思考，使大家发挥出最大的想象力，以一个灵感激发另一个灵感的方式，发掘创造性思想，并从中选择最佳的解决问题途径。

会先取消哪一项。以此类推，最后剩下的那个，就是你最感兴趣的。

掌握了这个方法之后，你就可以把兴趣罗列出来，发掘自己内心最大的兴趣。

把兴趣找出来之后还不够，还需要盘点和验证，验证这是不是自己最大的兴趣。

笔者之前培训学生的时候就发现有些人选得并不精准，须知，真正能成为未来个人志业的兴趣和普通的兴趣是不一样的，它要符合如下图所示的三个特点。

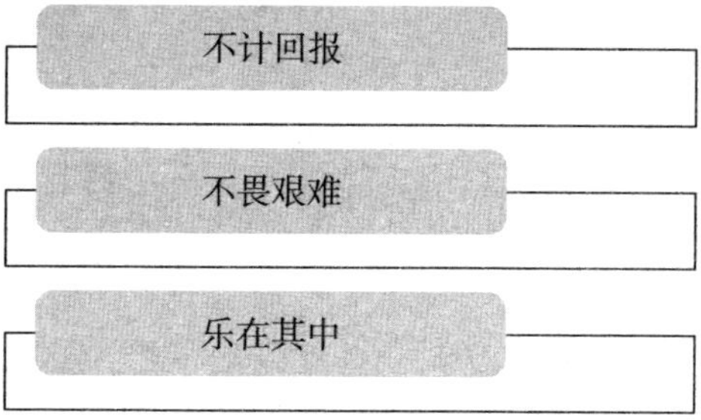

图 2-4 志业与普通兴趣的区别

你需要反问自己三个问题。

第一个问题：做这件事，如果没有钱、没有回报，你是否还会继续做？如果此时得到的答案是绝对肯定的，那么第一关通过，它代表这的确是你的兴趣，但还不足以通过验证。

第二个问题：如果做这件事既没有金钱，同时过程中还会存在很多困难，困扰和阻挠来自四面八方、层出不穷，这个时候你还愿不愿意继续做下去？如果这个时候得出的答案是否定的，就代表这个兴趣不是你最大的兴趣，因为这个愿望不够强烈。而如果得到的答案是肯定的，那么第二关通过。

第三个问题：如果做这件事不问金钱、不问回报，即使在过程中碰到很多困难，也会毫不犹豫地做下去，并且在做这件事情的过程中是痛并快乐着。过程很苦，有时会处于低谷，你能否享受整个过程并乐在其中？

如果对以上三个问题的答案都是肯定的，你就可以告诉自己，这就是自己真正想做的事情。其实很多人在选择兴趣的时候只考虑了第一层——不计回报，只是喜欢做，就以为是真正的兴趣，但这个程度是不够的，并不足以支持你在这条道路上坚定地走下去。

课堂演练

读者可以按照上文的方式倒推，把清单列出来之后一步步按逻辑反问自己到底想做什么。

第 4 节

脚踏实地，结合天赋兴趣

一、天赋、兴趣与实际结合

如何脚踏实地将自己的天赋和兴趣，与职业方向相结合？要考虑如下图所示的三个要素。

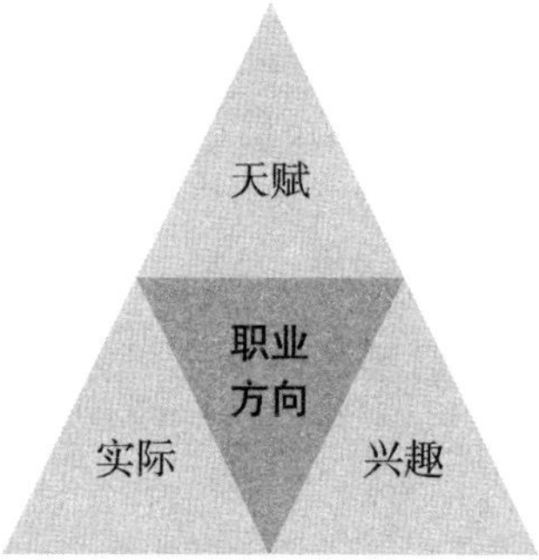

图 2–5　将天赋与兴趣和职业相结合的三个要素

天赋，你擅长做什么。

兴趣，你想做什么。

实际，将你的实际情况、所处的社会环境、地域环境、家庭要求与当下的公司平台、部门、岗位一一进行对比。

二、当下与未来的结合

另外，还要盘点如下图所示的两个方面：当下和未来。

盘点当下，就是目前会什么、想做什么。盘点未来想要什么。

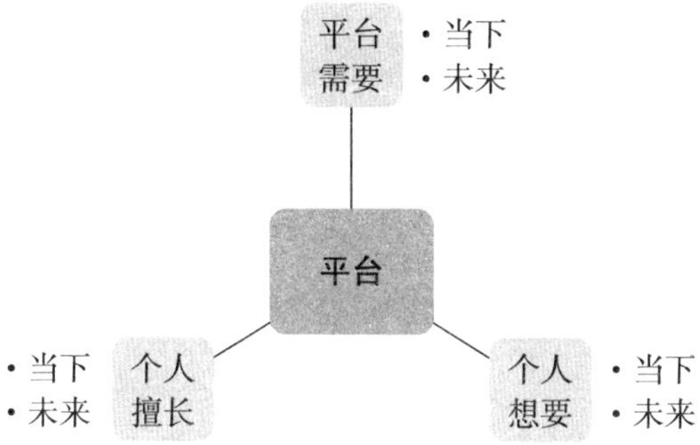

图 2-6　盘点“当下”和“未来”

（一）结合当下与未来的个人兴趣

可以把想做的事情罗列出来，再按照第一兴趣、第二兴趣、第三兴趣的顺序进行排序。

假如按排序法最终保留的唯一兴趣是做培训老师，那么这就是你的第一兴趣。

但是你当下可能并不具备做这些的条件，那么倒推过来，在做培训老师前，还可能想做 HR 管理者，或者做到 HR 经理、总监也可以，这就是你的第二兴趣。

当发现短期之内做 HR 经理、总监也比较困难时，就可以在 HR 六大模块里选择自己比较喜欢的那个，如果最终想做培训师，那么就选择培训模块，这就是你的第三兴趣。

这时再结合当下实际考虑，得出：未来的兴趣是做培训师，中期的目标是做 HR 管理者，短期的目标是做培训模块的专业人士，这就是将当下与未来的个人兴趣相结合。

（二）结合当下与未来的个人擅长

即要盘点自己是不是真的擅长做培训、擅长做 HR 管理者，或者擅长做招聘。做招聘对人有一些特质上的要求：一个优秀的招聘人员其实是半个销售人员，身上具备一些销售人员的特质，比如用户导向和结果导向，而且需要非常善于察言观色、分析别人的个性，因为在面试的过程中要去甄选、发现别人的价值观。招聘人员不仅有嘴巴会讲、动作快这些特质，还要善于分析别人的性格特点、一言一行，同时要善于把握对方的心理，要在谈判谈薪资时换位思考，同时也知道这个人需要什么，以便配置比较合适的岗位。这就是做招聘需要的特质，也是你当下需要的擅长点。

如果你以后给自己定位要做培训师，这个时候就要评估自己是不是具备做培训师必要的擅长点以及能否达到岗位要求了，培训师一般分为以下三种。

第一种，讲师类型的，要求现场“煽动力”非常强，个性里最好有红色性格中的外向、开朗，脑筋要很灵活，能够随机应变，等等。如果一个人比较内向，平时也不喜欢和人沟通，那么如果他的定位是做讲师，他应该会非常吃力。

第二种，教练类型的，需要非常有耐心，因为教练的主要工作是引导别人。

所以，如果一个人性格比较火暴，属于那种“一点就着”的脾气，他要做教练型的培训师的话，后果不堪设想。笔者所在的公司曾经出现过一个类似的情况，当时公司正对设备管理部的新进大学生进行培训，其中一位讲师技能很熟练，而且很多“疑难杂症”他都能够随手处理，甚至修复之后的设备让设备厂家都刮目相看。但这个人脾气非常古怪，稍微有点不称心就“撂挑子”，甚至对人冷言冷语。当时，他在给学生现场讲解一个设备工作流程的过程中，就因为有学生不理解多问了几句，这位讲师就当场“发飙”，把几个学生训得下不来台不说，甚至无视培训进度，直接不再培训了。这就是选择讲师的环节出了问题：讲师的任务更多是讲解，给提问人答疑解惑，如果没有耐心，势必是不成的。

第三种，咨询顾问类型的，需要有很好的耐心和非常强的逻辑思维能力，能把顺序一步步关联起来。

讲师型的培训师更擅长表演、演绎，像一个演员，教练和顾问型的培训师更像一个编剧、一个导演，会一步步地引导学员。

同样是做培训师，不同类型的特质要求不一样，这时你就要评估自己：虽然我现在在做招聘模块，但以后想做培训师讲什么内容，如果讲招聘内容，未来要成为一个讲师型的老师还是教练型的老师等。

（三）结合当下和未来的平台

最后，结合目前平台的需要。你可能觉得自己适合做招聘，但目前公司很稳定，几乎每年都没有招聘需求。虽然现在大多数公司给 HR 定的岗位名称都是人事专员、人事经理，但实际上每个公司对这些岗位的要求是不一样的，有的公司的核心、重点在招聘模块上，有的在培训模块上，有的在绩效模块上，有的在薪酬模块上，还有一些公司的重点在人事事务工作上。这时，就算你擅长做招聘，但如果公司短期之内没有招聘需求，只重视绩效，你就要考虑公司当下需不需要做招聘了。

盘点之后，你发现公司未来几年都不需要招聘，就说明这个平台不适合你。短期只能在这里学习基本功，把招聘技能提升一部分，但也很难提升到自己想达到的水平。因此，当下只能先做好绩效，同时附带做一些招聘的业务，当招聘技能水平从 1 分提升到 2 分之后，如果还想提升到 3 分、4 分的水平，从未来职业的发展角度出发，就要考虑这个平台还能不能满足自己了，你也许需要换工作，换岗位、换部门，甚至换公司。

这就是如何将个人当下想要的、未来想要的以及当下个人擅长的和未来擅长的，还有当下平台需要的以及未来平台需要的相结合，做好三者之间的平衡，最终确定自己的长期职业定位、中期职业定位和短期职业定位，以及近期、目前或当下的职业定位。

文章中的内容都可以在笔者开发的《职业规划表》（详见附录）中找到对应，读者可结合表单对照学习。

第5节

职业规划表

在做职业规划时，《个人经历信息表》（详见附录一）《职业规划表》（详见附录二）等工作表比较常见，此外，还包括《通用素养能力评鉴表》《人力资源能力评鉴表》《学习工作行动计划表》《个人生活作息表》等。在此，笔者将重点就《职业规划表》为读者讲解表格的具体使用。

表 2-1 职业规划表

填表日期： 年 月 日 填表人：

姓名		**工号**		**部门**		**岗位**	
年龄		**最高学历**		**毕业时间**		**毕业院校**	
介绍一下自己的专长（请举例证明专长）		对目前工作的希望（请给出希望的动机）		目前实施的结果如何			
1. 对文字敏感，比如面试人员的姓名只过手一次，但三年后出现还可以在第一时间识别出来 2. 文笔尚可，少年时代的文章曾屡次登在校刊上并拿过区作文大赛二等奖 3. 团队合作能力较强，能换位思考，接受并执行他人合理的工作要求		成为一名合格的招聘主管（职业发展及晋升需要）		不佳，专业知识及技能都严重缺乏			
结合专长和需要，自己希望选择哪条晋升通道：HR							
结合专长和需要，自己 10 年的职业目标大致是：HRD							
结合专长和需要，自己 5 年的职业目标大致是：HRM							
结合专长和需要，自己 2—3 年的职业目标是：成为 300—500 人企业的人力资源主管，掌握所有模块的基本操作，并能熟练运用							
结合自己的需求，自己选择的阶段性标杆人物是：______							

续表

个人现状	技能 / 能力的类型	简要描述目前所掌握的程度（满分 5 分）
目前具备的技能 / 能力	自我反省能力	2.3 分
	时间管理能力	3 分
	学习能力	2 分
	自律能力	2 分
	沟通能力	2.25 分
	问题分析解决能力	3 分
	团队配合能力	3 分
	招聘与配置	1.86 分
	员工关系	2.27 分
阶段目标（1 年）	**技能 / 能力的类型**	**简要描述所需掌握的程度**
岗位　人力资源主管 收入　8000—10000 元 时限　1 年	自我反省能力	4 分
	时间管理能力	3.7 分
	学习能力	3 分
	自律能力	3 分
	沟通能力	3.3 分
	问题分析解决能力	4 分
	团队配合能力	3.5 分
	招聘与配置	3.8 分
	员工关系	2.7 分
差距分析	**欠缺的知识和技能类型**	**具体补缺计划**
需要掌握但目前尚欠缺的	工作分析	（详见学习行动计划）
	岗位说明书的撰写	（详见学习行动计划）
	任职资格要求的撰写	（详见学习行动计划）
	评估岗位招聘需求	（详见学习行动计划）

续表

需要掌握但目前尚欠缺的	招聘渠道开发	（详见学习行动计划）
	筛选简历	（详见学习行动计划）
	电话邀约技巧	（详见学习行动计划）
	面试活动组织	（详见学习行动计划）
	面试甄选能力	（详见学习行动计划）
	薪资谈判技巧	（详见学习行动计划）
	招聘方案的撰写与实施	（详见学习行动计划）
	招聘计划的明确	（详见学习行动计划）
	招聘体系搭建	（详见学习行动计划）
	高端人才猎聘	（详见学习行动计划）
	培训需求调查	（详见学习行动计划）
	培训课程设计	（详见学习行动计划）
	培训教材开发	（详见学习行动计划）
	内训师队伍建设	（详见学习行动计划）
	培训活动组织	（详见学习行动计划）
	培训效果评估	（详见学习行动计划）
	培训方案的撰写与实施	（详见学习行动计划）
	培训计划的明确	（详见学习行动计划）
	培训制度设计	（详见学习行动计划）
	培训体系搭建	（详见学习行动计划）
	个人 TTT 技巧*	（详见学习行动计划）
	人才梯队建设	（详见学习行动计划）

读者可以参考表 2–1 初步填写《职业规划表》，对自己的职业进

* TTT：是 Training the Trainer to Train，即国际职业训练协会的培训师认证课程的英文缩写。

行一个大概的规划。为什么只是初步填写呢？因为表单在后期是要修改的，就像定绩效目标一样，在给自己定职业目标、对自己的人生进行管理、对自己的人生绩效做规划时，先要确认个人的长期目标，再逐渐分解成中期、短期目标，最后再分解成近期目标，分解成学习行动计划中的每一周、每一天甚至每一件事的安排。真正的职业规划就是绩效管理、绩效目标的设置和分解，以及个人长期的 MBO*。

填写《职业规划表》时的三项重点内容如下。

一、介绍自己的专长并举例证明

就是盘点自己的擅长点，在盘点擅长点的时候不能直接填写自己擅长做某件事，为了确保自己的擅长点属实，还需要反向验证：表单上写的内容要用 5W2H** 的方式举例证明。

比如，某年某月某日，自己曾经做的事情，从哪些方面可以佐证自己擅长这件事情。表单上面的案例填写的是“擅长写文章，文笔不错，少年时代的文章刊登过校刊还拿过区作文大赛二等奖，从小到大文科成绩一直很好”，这就是自我证明，是逆向思维的一种方式，介绍自己的专长就是举例佐证自己的擅长点和天赋。

---

* MBO：即目标管理（Management by Objective），是以目标为导向、以人为中心、以成果为标准，使组织和个人取得最佳业绩的一种管理方法。

** 5W2H：即 What（什么）——企划的目的、内容；Who（谁）——企划相关人员；Where（何处）——企划实施场所；When（何时）——企划的时间；Why（为什么）——企划的缘由、前景；How（如何）——企划的方法和运转实施；How much（多少钱）——企划的预算。

二、对目前工作的希望

就是个人兴趣、想做什么。将个人兴趣及平台能够提供的对目前工作的期望相结合，并给出期望的动机。为什么一定要做到？是不是自己真的想要的？通过一个逆向思维表单，检验自己现在所期望的内容是不是自己真正想要的。

三、目前实施的结果如何，就是对期望值打分

比如，期望半年之内在公司推行整个绩效管理，目前具体推行到什么阶段了，是已经在一个部门全部推完，还是连绩效方案都没确定，抑或是推行到一个部门时碰到很多问题，觉得推不下去了等，要对推行现状做一个盘点——对当下的工作实施状况进行一个简单盘点。

这就是第一个——我能做什么，第二个——我想做什么，从第三个推行的状况后面会延伸出来“我该做什么”进行改善。

有兴趣的读者可以综合专长和需要选择晋升的道路，初步结合自己的兴趣、擅长点以及当下的现实，确定自己未来大的职业方向，倒推出自己未来10年的大致职业目标，再倒推出想要达到的未来10年的职业目标、未来5年的职业目标是什么，未来2—3年的职业目标又是什么。

继续使用上文培训师的例子：如果你以后想做咨询顾问，这时就要问自己想做哪个方向的咨询顾问。

咨询顾问分为不同的种类，大部分人做的更多的是管理类的咨

询顾问，聚焦在人力资源管理类的咨询顾问上。

那么，要想做好咨询顾问就要对自己进行初步定位，因为咨询顾问的业务范围很广，你要确定自己是想做大型企业的咨询顾问还是中小型企业的顾问，不同的方向对人的要求也不一样。如果把自己定位成做大公司的咨询顾问，那么此前最好到一些大型的咨询公司积累10年左右的经验，学习正规咨询的技能，同时要有大型公司的从业背景，最好是世界500强，至少是大型集团公司，不然就没有资格去为这些大型企业做咨询。

如果你给自己的定位是做中小型企业的人力资源咨询顾问，那么在个人从业经历里就一定要有在中小型企业的实践经历。笔者之前接触过太多中小型企业的咨询顾问，都是把大型公司的体系直接套用在中小型企业上，很不实用且难以落地，咨询师本人也意识不到问题出在哪里，这就是咨询师本人缺乏中小型企业的历练、不了解中小型企业的实际情况导致的。

所以，如果你把自己定位成中小型企业的咨询顾问，那你最好在中小型企业里工作过。一旦个人规划的方向在大的定位上明确好，确定自己要做人力资源顾问并且定位好去中小型企业，就要反推出自己10年的大致职业目标。你也可以到网络上查询一般的咨询顾问的任职资格基本要求，保证自己在人力资源专业技能上过硬，并至少要有经理总监的水平；你所在的企业要有一定的规模，在一个企业从小到大的成长过程中，至少要经历两三个阶段，不然你的经历不全面，咨询时就做不好。

如果你确定自己 10 年内大致要做到 HRD*，就要给自己设限。比如做到几百人、一两千人的公司，要把公司规模限定一下，因为公司规模决定了公司是小型企业、中型企业还是大型企业，不同类型的公司对同样职位的要求也不同。

根据这个目标就可以倒推出你 5 年的职业目标是做到一家 1000 人或者 500 人规模公司的 HRM**。再结合自己的专长和需要倒推出 2—3 年的职业目标，即成为 300 人公司的 HRS***。最后结合自己的需要，确定阶段性的标杆人物。确定标杆人物的作用是，在你不知道自己该向哪个方向提升到多少分时，可以看看身边的某个人或网络上的某个人，参考他在同一时期的水平。随着时间的推移，自己达到了标杆的水平，就可以换掉这个标杆，直至确定新的阶段性目标。

综上，《职业规划表》的前几个部分就是想让大家对自己有一个深刻的认知，通过过往的经历验证、确定自己真正擅长什么、喜欢什么，根据当下的实际情况，确定自己能做什么、未来想做什么，当下应该先做什么，再做什么。所以读者伙伴们可以对照着表单上的内容，输出自己当下的实际情况，对自己进行一个全面的盘点，同时根据自己的擅长点与兴趣确定人生目标、中期目标以及短期目标。然后确定一个标杆，让自己朝着这个目标前进。

---

* HRD：Human Resource Director 的缩写，指人力资源总监，是一般公司人力资源部门最高的职位，负责统筹公司制度和整体人力资源系统。

** HRM：Human Resource Manager 的缩写，指人力资源经理，负责计划和实现人力资源部门在员工素质管理、薪资管理、绩效考核等方面的需求。

*** HRS：Human Resource Specialist 的缩写，指人力资源专家。

综上所述，要精准定位自己的职业规划，需要注意以下几点。

1. 通过擅长、特质、个性，发掘自己的天赋，确定“我能做什么”。

2. 将自己的天赋与实际相结合，确定“我能做什么、不能做什么”。

3. 通过对比，以逆向思维的方式，发掘内心的兴趣，确定“我想做什么”。

4. 综合天赋、兴趣、实际，同时结合当下和未来，确定自己短期、中期、长期的职业定位。

第三章

六维盘点，设置职业五期目标

当你找到大的职业发展方向后，就要结合个人现状，生成职业规划路径，并生成具体的实施方案，作为我们日常的学习、工作及生活的行动指南。

本章将重点从自我现状的精准盘点出发，设置“五期”目标，设定达成个人近期目标的操作步骤。

第 1 节

自我现状精准盘点

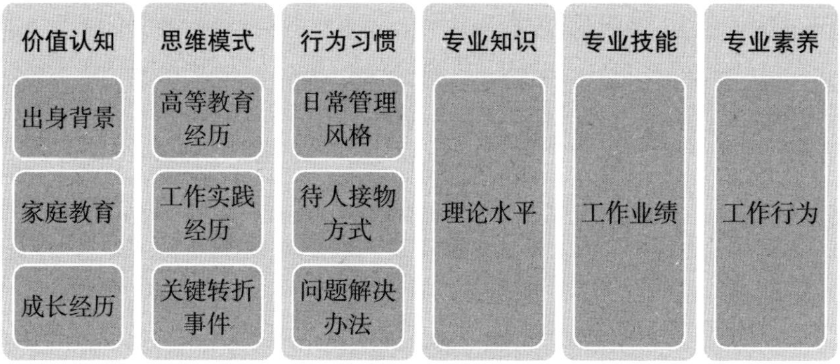

图 3–1　从六个方面盘点自己的价值观

建议大家对照《职业规划表》看本章，有助于理解。

HR 经常会对别人进行职业规划和性格评判，但通常不会对自己进行系统的梳理，导致看别人很准，却搞不清楚自己的价值观，缺乏对自己的有效判断，这就是俗话说的——当局者迷，旁观者清。

《个人经历信息表》里有详细逻辑，让每个人都能够站在第三者的视角看待自己，从六个角度对自己的现状进行盘点。

一、对核心价值认知（核心价值观）进行盘点

在日常的招聘工作过程中、交往过程中，以及与自己的亲戚朋友打交道的过程中，都可以看出一个人的价值观。心理学中提到，一个人的核心价值观，从童年到少年到成年，基本上已经形成，它与人的出身背景、家庭教育环境、成长经历有密切关系，或者说，这三点决定了一个人的价值观和核心价值观。

那么，什么是价值观？一个人评判事物有是非对错、美丑、好坏的标准，而核心价值观就是一个人在关键时刻作取舍时的评判依据。

怎么看一个人的价值观？看一个人在正常状态下的一贯行为导向。怎么看一个人的核心价值观？看一个人在关键时候决策的导向。

比如捐款的时候，在场的每个人都捐了 10 元，能说他们都有爱心吗？不一定，可能有些人是伪装的、有些人是被逼的。那在什么时候才能看出来一个人是不是有爱心？在没有人逼他也没有其他所谓的好处的时候，比如这个人身上有 100 元，他能毫不犹豫地把钱捐出去，那么这个人才是真的有爱心。

又如某人是一名普通员工，做了一件事，老板觉得有问题，但 HR 觉得没问题。此时，老板要求必须解雇此人，虽然 HR 觉得此人不该被解雇，但他还是会去做。这种情况就反映出，HR 的价值观虽然和老板的价值观是不一致的，但是还能忍受，说明这还没有触碰到 HR 的底线或核心价值观。

但如果此人是 HR 亲手培养出来的，那么有的 HR 可能就会和此人共进退了，表现为坚决不执行老板的指令，甚至不惜以自己离职为代价保护此人。这就反映出——照顾人才是 HR 的核心价值观，是不能碰触的底线。

关键时刻的取舍、对利益得失的选择、对价值的评判，才是一个人核心价值观的真正体现，一个人的价值观和核心价值观基本取决于他的出身背景、家庭教育环境和成长经历。

二、对个人思维模式进行盘点

思维模式是一个人思考事情的习惯，比如是偏理性还是偏感性？偏数字还是偏文字？更关注过程还是更关注结果？是严谨型还是发散型？逆向思维还是正向思维？

思维模式取决于个人教育经历和社会实践经历，关键转折事件会促使一个人的思维模式发生转变。

三、对个人行为习惯进行盘点

行为习惯就是日常做事的行为风格：是雷厉风行还是拖拖拉拉，是强势还是弱势，懂不懂得换位思考，会迎难而上还是知难而退，是平易近人还是高高在上……这些都是个人的行为习惯。

盘点完核心价值观、思维模式、行为习惯后，还需要逆向验证，并举例证明。

以上三项是对个人基本信息的盘点。当然仅有这些还不够，还需对个人目前的专业信息进行盘点，毕竟在社会和职场中要立足，只靠以上三项是不够的。

四、对专业知识进行盘点

盘点自己在人力资源管理的六大模块的专业知识和技能上分别处于什么水平。

五、对专业技能进行盘点

专业技能不仅是知道工具这么简单，更是要能用这些工具完成工作、解决问题。

比如，把任职资格配套的资料做出来不等于自己会了。真正的掌握，是不仅能运用任职资格把资料做出来，还能把这些内容在工作中贯彻下去，碰到异常也能及时处理。达到这个水平，才能说自己掌握了任职资格技能。

从实际专业行为的产出结果反推自己到底做了哪些事情，只有这样，才能证明自己具备了某项专业技能。

六、对专业素养进行盘点

专业素养就是完成某项工作的职业习惯。比如在培训中很多人不做笔记，但是有的学员就会习惯性地做笔记，这就是职业习惯。习惯体现在日常的岗位工作行为当中，大家很容易看出来。

要想成为一名优秀的 HR，需要从两个方面着眼：一是职业能力，二是专业能力。如果你个人的前三个职业能力比较强，那么专业知识、专业技能、专业素养的获得就会比较容易。

假如一个人执行力不错、沟通力不错、逻辑思维能力很强、处理异常的能力也不错，具备自我规划的能力、人际交往的能力及管理自我时间的能力，那么就算这个人不是 HR 或只是 HR 新人，他也只需要一两年的时间，就可以做到 HRM 或 HRD——这与年龄无关，与素养有很大关系。

因此，笔者经常强调，职业能力（价值认知、思维模式、行为习惯）的背后实际承载的是一个人的成长基础。就像学武功一样——职业能力是“内功心法”，是基础；专业能力属于外部招式，是外在。如果不会“内功心法”或内功很差，只是学了一些招式，便成了我们常说的“花拳绣腿”——中看不中用。

这也是为什么有些有十年八年工作经验的 HR 做制度、做流程很熟练，但一旦让他去推动、改善或者“空降”到一家企业解决问题，他就会无从下手、碰到各种问题。实际上，这些人缺的不是专业能力，而是职业能力——不具备项目的推动能力、不具备人际关系的处理能力。推行项目时如果大家不配合，推行者不会协调、组织、策划，碰到异常也不会解决、分析，总喜欢把问题推到老板身上、归咎到“别的单位不配合”上。试想一下，在一般的企业里，有几个用人部门会配合 HR 工作？稍微夸张一点地说，在 99.9% 的企业里，业务单位都是不会配合 HR 工作的。但是，当你搞不定的事情别人可以搞定的时候，就代表别人比你厉害。所以有时候有的人看起来专业知识、专业技能、工具模型还没有你会得多，却能解决问题、得到老板的赏识，被快速提拔上去，甚至后面还能做你的领导——因为他们具备真正解决问题的能力，而不只是会纸上谈兵。

案例智库

笔者曾经的一位领导把公司从二三百人扩大到上万人的规模。虽然他只有高中学历，谈工具模型他可能谈不出来，但他能解决问题。如果说在公司规模小的时候，他的成功有可能是误打误撞、运气好带来的，但一步步把公司扩大到后来的规模，就不能算是误打误撞了。而且在他下属里，有许多专业能力很强的人士，他们都很佩服他。

他的 HR 理念也很先进。2015 年，笔者和他合作写了一篇有关人力资源的文章，总结了公司近年来人力资源管理实践的成绩，发表在《人力资源》杂志上，还获得了主办方的奖项。

课堂演练

有兴趣的读者可以对照《职业规划表》盘点自己的现状，完善“我的经历”表单，学以致用。

举一反三

价值认知、思维模式、个人习惯、做事风格是一个人的根本，其中一个人的价值认知决定了他的格局。

一个人未来能达到什么高度、深度、宽度，并不取决于目前其所掌握的专业知识、专业技能以及专业素养，而取决于这个人的格局、思维以及行为习惯。

第 2 节

设置个人“四期”目标

对现状进行精准盘点之后，就要了解整个职业技能中的七个通用技能：自我反省能力、时间管理能力、学习力、执行力、异常分析与解决能力、沟通能力、团队合作能力。

在了解了这些能力，同时也了解了自己目前的专业技能水平后，就要结合自己的兴趣、天赋明确四期目标。

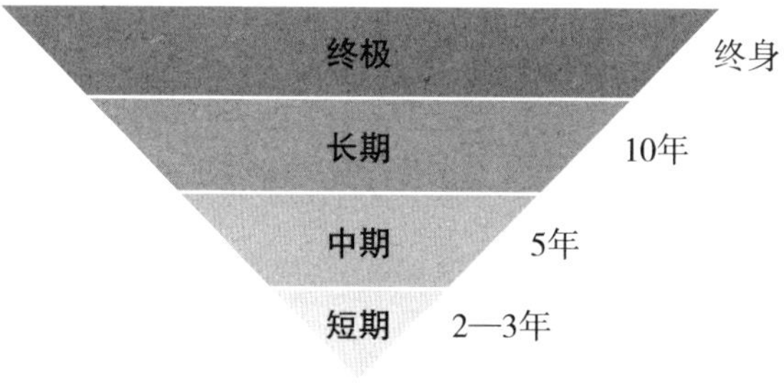

图3–2　个人“四期”目标

终极目标：最长久的、终身的目标；

长期目标：10 年左右的目标；

中期目标：5 年左右的目标；

短期目标：2—3 年的目标。

四期目标的设置方式要结合自己的实际，除了要结合六个盘点结果之外，人在职场的成长还要符合以下两个规律。

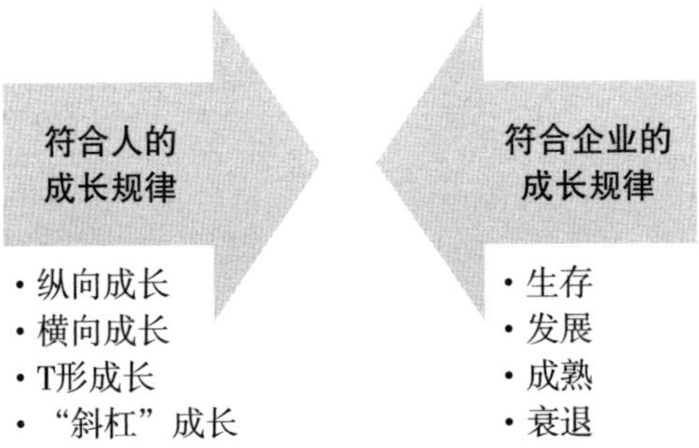

图 3–3　人在职场的成长要符合的规律

一、符合人的成长规律

（一）纵向成长

想成为一名 HRD，要先选择一个模块，纵向地把这个模块做精、做深。比如你想做薪酬，就需要用 1—2 年的时间把薪酬模块做精、做深、做透、做熟练，然后再选择其他的模块，这就是纵向成长。

（二）横向成长

在把一个模块做熟练之后，就可以开始横向成长。人在对某个技能的熟练程度达到中等的时候，会碰到第一个瓶颈，此时，你可能会发现自己的眼光和思维层次很难得到提升。譬如，你在薪酬模块做到中级水平的时候，可能还是停留在执行层面，一上升到规划层面就不知道该如何操作，也不清楚该如何关联其他模块了。

这时，你就不能再停留在薪酬模块的学习上了，要学习一些人力资源其他的模块，如绩效、人力资源规划、培训、招聘。

（三）T 形成长

但是，仅仅学习其他模块是不够的。虽然这时候通过薪酬与其他模块之间的关联，你也许可以把薪酬技能水平提升到 4 分，即做到 HR 主管和薪酬经理的水平，但这些关联还局限在人力资源的范畴内，仍不能称你有“一专”——至少整体达到经理水平、模块达到总监水平，才能称有“一专”，而要想成为一名合格的 HRD，通常要擅长两到三个模块，并通晓其他模块；并且一个合格的经理在自己擅长的模块上应达到 5 分，也就是在某模块的专业程度上达到总监的水平。而总监需要搭建体系，所以除人力专业之外，他还要具备业务思维、运营思维，要能跳出 HR 看 HR，从这时开始，逐渐往周边业务扩散，最终才能变成“一专多能”的 T 形人才。

（四）“斜杠”成长

在 HR 领域已经深耕 8—10 年后，至少达到了模块总监的水平，对 HR 其他模块也有涉猎，部分模块达到专业经理水平，此时发现在其他模块想达到专业总监水平很困难。于是，有些 HR 便开始尝试跨界，如转型做业务，这一方面会促进 HR 水平的提升，另一方面业务某个专业模块的水平也可以提升到 5 分，这时再回来继续从事 HR 工作，就变成了“斜杠人才”，无人敢小觑。如果在除 HR 以外的三四个专业模块都能达到 4 分以上水平，那就是很厉害的“斜杠人才”了。

综上可知，人的成长规律是：先有某个领域单模块的专业，然后开始在某个领域做全模块，之后再开始做跨领域，最后选择几个领域，做到精深。

比如你的职业目标是成为一个合格的 HRD，那么前期先选择一个模块。假如自己通过前面的内容对自身性格特点和爱好进行评估之后发现自己喜欢待人接物、性格开朗，也喜欢与人交流，于是选择了招聘模块。

此时就可以在招聘模块进行深耕，把这个模块做精、做细。待这个模块做熟练之后，从纵向上对自身进行提升。当你基本上在招聘的模块技能上达到了 3 分的水平，再通过其他模块的学习与提升以及对招聘模块的关联，将招聘模块的技能提升到 4 分的水平。这样，你在招聘模块的技能大致已经达到了招聘经理的水平。

此时你距离成为一名真正的 HRD 还有“擅长两到三个模块”的距离，所以这里就可以选择两个模块修炼，并达到精通，也就是说成为上文提到的 T 形人才。此时你已拥有专业模块思维，距离成为“斜杠人才”，还差具备业务思维以及运营管理的能力，作为一般 HR 从业者也工作了 8—10 年，应当进行跨领域的锻造了，再将业内问题的管理与专业技能融会贯通，你就成了一名真正的 HRD。

简而言之，就是从单模块内的成长到对多模块的精通，再到对整个行业的触类旁通，这时你也就从一个职场“小白”成长为一个真正的职场“大咖”了。

二、符合企业的成长规律

一个企业完整的成长周期大致可分为以下四个阶段。

（一）初创期

也就是生存期，这时企业朝不保夕，每天考虑业务订单问题，接了这一单要考虑下一单，每个月最头痛的就是下个月的工资在哪儿。

（二）发展期

企业度过了生存期，此时业务不愁，不再担心没有订单发不出工资，除此之外，每个月还有一定盈余能存下来，这时，企业会考虑扩大规模。

（三）成熟期

当企业发展到一定的规模，突然发现钱没少赚，但是想赚更多钱、把业务规模再扩大一些的时候已经不太容易，业务已经趋于饱和、业绩提升缓慢，无法快速扩张，只能非常平稳地一点点提升。

（四）衰退期

企业连续多年业绩稳定，但后来市场中逐渐出现了一些新兴力量冲击企业，或者整个行业开始走下坡路，行业逐渐衰落，于是企业进入衰退期。

一般而言，企业至少要发展到发展期，人力资源才会开始分模块，在成熟期，专业的模块岗位会分得更细，流程会更加完善。

因此，在设置个人目标的时候，不但要结合人的成长规律，也要结合企业发展的规律选择公司、部门和岗位，最终设置好符合自己实际的终极、长期、中期、短期目标。

课堂演练

有兴趣的读者可以对照以上内容和《职业规划表》，确定自己的“四期”目标，完善《职业规划表》，学以致用。

第3节

设置个人近期目标

个人近期目标就是1年的目标，共包含以下4个要素。

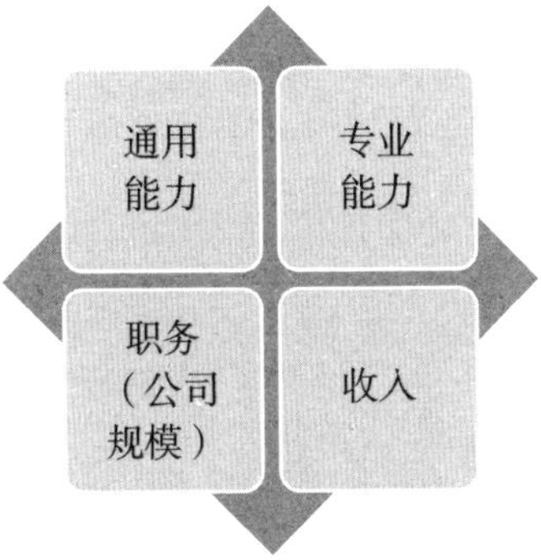

图3–4　个人近期目标的4个要素

要素一：通用能力要求。

要素二：专业能力要求。

要素三：职务要求，包括公司的规模。

要素四：收入要求，即近期的收入目标。

设置个人近期目标时，不能将目标简化为HRM或者HRD，因为不同行业、不同企业规模的HRM或HRD对人的要求是不一样的。

《职业规划表》里有通用能力技能评鉴和人力资源专业技能评鉴方法，这里笔者举一下自己的例子。

在招聘技能中，有 1 项技能是“高端人才猎聘”，在这一项上笔者给自己评估的是 1 分。1 分代表不会，换句话说，就是做不出任何结果，不能在规定的时间内招到高端人才。

一个人的技能必须要结合工作业绩盘点，笔者在盘点的时候有一个隐藏条件——比对万人企业，就是按照万人上市公司规模需要达到的技能来盘点。一个万人集团公司的高端人才：要么是本行业技术“大牛”，要么是本行业专业“大牛”，要么是本行业管理“大牛”，而且至少比笔者本人厉害。

做盘点的时候，上面这几类人笔者手上是没有多少储备的，如果按照上面的标准，笔者需要花很长时间去积累人脉资源，才有可能找到这些“大牛”，并吸引他们进入供职的企业，从结果上看不符合一般公司要求。因此在“高端人才猎聘”这个技能上笔者给自己打了 1 分。

但如果只是一个 500 人甚至 1000 人的企业，笔者在这一项上就肯定不是 1 分，因为在这一档上笔者的资源是足够的，至少能达到 3 分的水平。

因此，大家在盘点个人技能的时候，不能只设置职务目标，还必须要写上公司行业和规模，因为不同公司规模对同一岗位的要求是不一样的——虽然同样都是叫 HRD，但对能力的要求却是天壤之别。只有确定好公司的行业和规模，才能精准地评估自己的能力。

确定近期目标时也需要精准到这个程度，如明确 1 年内个人的通用能力达到什么水平（分数）、专业能力达到什么水平（分数）。

案例智库

假如某人设置的两年目标是成为200人左右、发展中的制造型企业的人力资源主管。一般情况下，这类企业对专业度的要求不是很高，对于HR主管，首先，要具备员工关系模块的能力，即人事的基础事务性工作，譬如工伤社保、薪资核算、考勤管理、入离职手续管理、档案管理等，在这些技能点上要达到3分以上。

其次，除了上述基础性事务，还要具备招聘能力，并且要达到3分水平。

再次，在薪酬这一块也要有一定基础，2分即可。之所以在薪酬上不需要很专业，是因为HR在200人企业的薪酬上没有决定权，真正的决定权一般都在老板手里。没有这个权力就不用去操这个心，因此不用具备很强的薪酬能力。

复次，在培训上只需要能操作一般的新员工入职培训即可，2分即可。

最后，绩效技能就更不需要了，200多人的公司，HR的绩效水平有2分或3分就足够在公司内部进行绩效管理了，不需要非常专业。

因此，200人的发展中制造型企业的HRS的目标核心技能标准要求如下：

- 处理通用事务的水平需要达到3分
- 招聘的水平至少达到3分，发展中企业很需要HR的招聘能力
- 人事事务性工作水平要达到3分

这里仅指一般性制造型企业，不是绝对的，在某些行业中，可能 200 人的公司已经是较大的公司了。

确定个人近期目标的操作步骤是：

第一步，根据企业和行业的规模、发展阶段评估职务目标。

第二步，根据职务目标，结合企业的行业、规模和发展阶段明确目标岗位的能力要求。

第三步，设置目标岗位核心通用能力要求和专业技能要求项目及分值。

第四步，根据地区、行业、公司规模和岗位确定收入目标值。

最终把目标量化、细化、明确化。

课堂演练

有兴趣的读者可以对照以上内容和《职业规划表》，设置出个人近期目标。

综上所述，要通过职业方向设置各个时期的目标，需要注意以下几点。

1. 对个人现状进行精准、详细的盘点，从六个维度考虑：价值认知、思维模式、行为习惯、专业知识、专业技能、专业素养。其中，价值认知、思维模式和行为习惯是职业基础。

2. 结合盘点现状、个人发展规律和企业发展规律，设置个人“四期”目标，即终极目标、长期目标、中期目标和短期目标。

3. 通过对近期目标的分解，综合通用能力要求、专业能力要求、职务（公司规模）要求、收入要求，确定近期即1年的目标。

这三点实际承载的是一个人的成长基础，就像武功的内功心法一样。专业知识、专业技能以及专业素养是招式，而价值认知、思维模式和行为习惯相当于“内功心法”，是决定一个人进步与否的关键，因此读者一定要重视起来。

第四章

黄金法则梳理目标、达成思路

在设置好各期目标、明确了近期目标及详细达成标准后，又该如何达成目标，不让目标束之高阁？

本章将重点讲解如何根据拟定的近期目标标准对自己的技能进行盘点，生成具体的个人学习需求；如何根据学习需求生成具体的与学习行动和工作实践相关联的行动计划以及个人作息时间规划，从而顺利达成目标。

为何在生成学习工作行动计划的同时，还需要明确个人作息时间规划？因为人每天上班和学习的时间也属于日常生活时间，与日常作息紧密相连。

第 1 节

设置精准学习目标

学习要以终为始，不能因为焦虑就乱学一通。

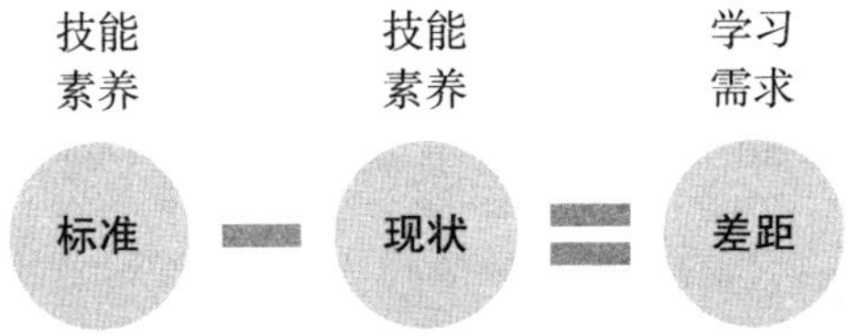

图4–1　学习需求

先要明确自己学什么，才能明确怎么学。

学习工作行动计划就是为实现学习目标、基于现状确定的弥补差距的具体实施计划，秉承 7–2–1 法则。

一、学习需求盘点

如果想成为一名 HRD，那么在设置目标技能的时候，就不要像许多人那样盲目追求大而全、快而多。实际上，一名真正的 HRD 并不需要六大模块样样精通。在有些技能上，许多 HRD 也就只有 2 分，在个别技能上甚至只有 1 分，但这并不影响他们成为 HRD，为什么？

因为企业不同层级的分工不同，对应的能力要求也不一样。

· 高层：做决策，偏重经营，需要懂市场、会抓核心

· 中层：做分解，偏重管理，需要懂运营、会带团队

· 基层：做执行，偏重实施，需要懂专业、会实操

真正的 HRD 作为公司高层，其主要工作是抓核心、做决策。

所以，公司对不同层级的要求是不一样的，从学习目标而言，缺什么就要补什么，盘点后就会得出学习需求。

那么，具体在对照相关技能评鉴表的时候该如何盘点呢？

第一，对表单中的每一大项技能所对应的不同层级的十几个单项技能都要逐一盘点。

第二，结合自己的短期目标，得出个人的学习需求。

以招聘技能的需求为例，假如盘点者的目标是成为一名 300 人公司的 HR 主管，那么相应地，招聘技能总分要达到 3.5 分，招聘单项小技能需要达到的对应分数分别如下：

工作分析—4 分；

岗位说明书的撰写—4 分；

任职资格标准—3 分；

评估岗位需求—3 分；

渠道开发—4 分；

电话邀约技巧—3 分；

面试活动组织—4 分；

面试甄选能力— m 分；

薪酬谈判技巧— m 分；

招聘方案的撰写与实施— m 分；

招聘计划的明确— m 分；

招聘制度设计— m 分；

招聘体系搭建— n 分；

高端人才猎聘— n 分。

盘点完招聘系列的单项技能后，会得出不同学习目标对应的每个模块单项技能的具体目标值分数，综合平均计算即可得出模块总技能分数。

如盘点完个人现状后发现工作分析技能的目标分值是 4 分，但现在的水平只有 3 分，这时就很容易得出自己的培训需求，即从 3 分提升到 4 分。

再补充一点，为何任职资格标准和岗位需求评估技能的分数相对较低？这是因为，这两项技能虽然出现在执行技能层面，但是出于对涉及的知识面和对应的信息高度的考虑，对人员综合能力要求较高，一般而言，任职资格能达到 4 分的最起码也是经理级别的。而招聘需求的精准评估实际需要对人力资源规划比较熟练，要能充分考虑公司整体的布局规划和实际现状、人岗匹配情况等，这基本达到了对总监的要求。因此在这两项技能上对 HR 主管不做太高要求。

其他技能的学习需求也是同样的操作思路，对应的每一项小技能都盘点完成之后，就会很清楚地知道自己到底需要学什么、学到什么程度，对学习效果的评估也有了明确的标准。

二、学习效果评估

比如你通过分析发现，某年某月你的学习需求是工作分析技能的提升，而这个时候可能自己的工作分析技能是 3 分，学习需求是要在两个月时间内提升到 4 分。学习需求明确后，就要根据学习需求明确对应的学习工作行动计划，同时对应不同的时期，从行为和结果两个方向进行评估。

（一）行为评估方式

定期盘点两个月内的具体行动是否按照计划实施并达成。

（二）结果评估方式

按计划执行两个月后，对照相关技能评鉴表，重新盘点工作分析技能是否达到了 4 分，如果达到了 4 分，则学习目标达成。如未达到 4 分，则学习目标未达成，需要根据学习的达成路径分析未达成的原因，再根据自己的实际情况找出解决对策，或对计划进行调整，确保目标的达成。

第 2 节

明确学习工作行动计划

明确了学习需求后，在明确学习工作行动计划之前，需要先搞懂两个概念，即“学会了”的四个阶段和学习状态的四个阶段。

一、“学会了”的四个阶段

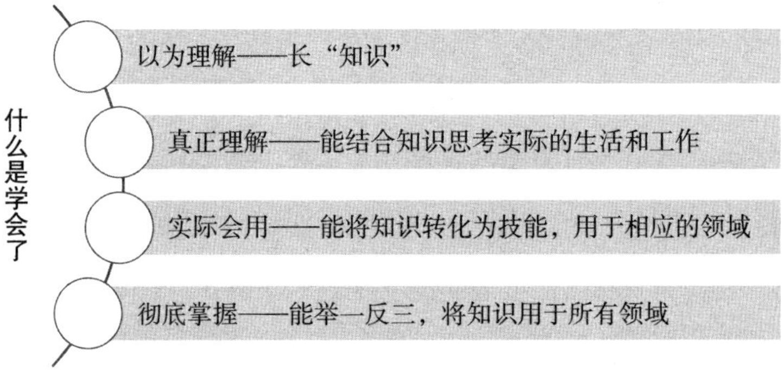

图4-2 “学会了”的四个阶段

（一）以为理解——长知识

有的人看文章、听课，觉得某句话或者某个理论、某个观点很有道理，就以为自己学会了，但是在真正的工作中却不会运用。

比如听课时老师讲了一个知识点，“管理没有最好的，只有最合适的”。这句话听起来很简单，大致意思是不同的人的管理风格不一样，不管是强势还是弱势、是控制型的还是领导型的都不重要，只要最后能产生好的结果，就是合适的管理方式，所以管理没有章法可循，要根据不同的团队、不同的场合、不同的领导者风格调整，只要目的能达到，就是好的管理。这句话看似很容易理解，但是在真正的实际应用中又有多少人能真正使用好呢？

如果大家都能真正理解，实际工作中就不会再出现很多目标无法达成的情况。例如，某公司的工作流程是部门总监安排任务，再由部门经理做任务分配，之后由部门主管指点下属完成工作。但是，公司突然来了一个比较强势的负责人，这个负责人就喜欢直接安排人员解决问题，而不是逐级申请、走流程。可能这个时候就会有人觉得“某个事情不应该人力做，那个事情是采购的事，那个事情是生产管理的事，这个事情是销售的事”，等等，此时就产生了一堆的“部门墙”和流程职责，很多工作难以推进，结果也就很难达成。这就是没有真正理解“管理没有最好的，只有最合适的”——没有什么一成不变的管理制度规定 HR 就只能做什么、不能做什么。

还有许多 HR 在“挑人”的时候也会陷入误区。假如他自己的性格是平易近人的，他就会喜欢挑平易近人的主管，强势的主管会令他很难受，他不喜欢这种人的风格，于是觉得这种人的管理肯定不行。

上述情况在我们的日常工作中很常见，这就是典型的以为自己

“知道了”，但一碰到具体事情却做不到——的确“长”了知识，却并没有获得这个技能。

（二）真正理解——能结合知识思考实际的生活和工作

即听了某个知识点，还能把这个知识点代入生活。

笔者之前在“三茅”网上分享过一个观点——如何用销售的思维做好招聘，销售的四个思维是：

1. 让人知道你

招聘渠道的开发，就是使公司的招聘信息尽可能多地暴露在所有人面前，让别人知道你在招人，当你能够想到这一点的时候，你就已经在用销售的思维做招聘了。

2. 让人了解你

如果你打开网站，发现岗位发布后点击率很低，但是其他公司和你在同一天刷新，浏览量却很高，用销售的思维看，问题就是你的岗位名称不够吸引人，不足以让别人产生想了解你的欲望。

3. 让人喜欢你

如果你打开网站，发现点击的人很多，浏览量很高，但是投简历的人很少，用销售的思维看，问题是这些点击浏览的人知道你公司，也了解你公司在招人，但是却没有对你公司的岗位产生兴趣。

如果把岗位说明书看作一份营销文案，出现上述情况就代表这个营销文案不够有吸引力，没有别人想要的东西，可能是招聘信息里描述的薪资不吸引人、可能是公司介绍描述得让人觉得没前途，也可能是岗位职责描述得太含糊，总之就是别人不喜欢。

4. 让人爱上你

如果简历投放量很大，也来了不少人面试，但是入职率却很低，用销售的思维看，问题是这些候选人虽然初步对你公司的岗位产生了兴趣，但是通过深入的交流体验，并不觉得你的公司好，没有“爱上”你公司的岗位。

如果能把以上四个思维真正代入到日常招聘工作中，才能说自己真正理解了。

（三）实际会用——能将知识转化为技能，用于相应的领域

即能够举一反三，把知识运用起来。

销售思维在用熟之后会发现，其实整个人力资源的其他模块也可以用销售的思维来做。以培训模块为例，如何调动参训者的积极性，让参训者对某个培训课程感兴趣，不再像平时那么痛苦，HR 发了培训信息没人报名，学员或参训者听课的时候昏昏欲睡……其实，你可以把培训宣传做成一次营销，勾起别人的兴趣。

首先，让别人知道你，把培训通知发布到全公司。

其次，让别人了解你，把培训通知的内容写得精练、有吸引力，让别人知道培训讲的是哪些东西，可以为他带来哪些价值。

如果培训的内容是解决经过调查后挖掘出的、大多数人的“痛点”，那么大多数人就会喜欢你。

最后，经过课程的精彩演绎和后续的持续跟踪辅导，给参训者好的学习体验，让参训者“爱上你”。

这就是用销售的思维把培训产品“卖”给内部用户，并形成持

续的“销售”。

（四）彻底掌握——能举一反三，将知识用于所有领域

当你不仅能够把销售思维用在招聘上，还能用在培训上、薪酬上、绩效上，用在整个人力资源上，甚至用在生活的方方面面时，你就在这点上举一反三了，达到了学习的最高境界，也彻底掌握了这个知识点。

二、学习状态的四个阶段

除了可以将学习结果分为四个阶段，科学的学习状态也可以分为四个阶段。

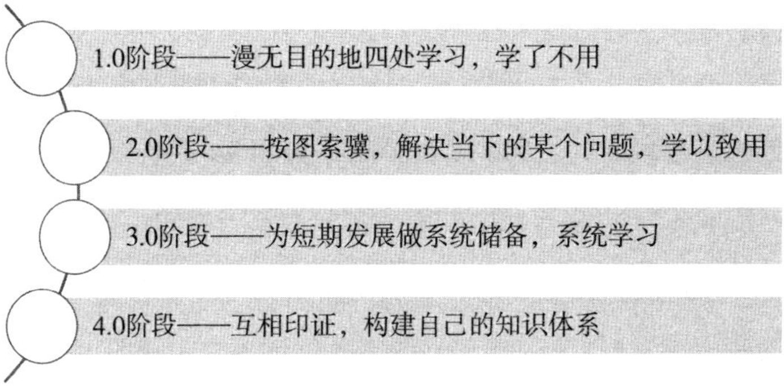

图 4–3　学习状态的四个阶段

（一）漫无目的地四处学习，学了不用

这个阶段是最初级的，70%—80% 的人目前处于这种学习阶段，即漫无目的地四处学习、到处报课，囤了一大堆课程，每天听一堆知识，但学过之后却不想着怎么用。有的人听完课会想一想老师讲

的知识点，但是想完之后并不实践，时间久了也就没用了。还有的人连想都不想，听完只觉得这个老师讲得很有道理，但也就到此为止了，最多接触了一个新的概念，这个概念可以在别人面前成为谈资，显得自己知道一些专业术语，但还是没有价值。

这种学习是没有任何效果的，不管学多少年，不会的还是不会，还会把自己学得很苦很累。与其学得那么累又没有任何意义、浪费时间，还不如拿这些钱去旅游、看电影、陪孩子，人生的光阴就这么短，每天都在做一些无意义的事情，把自己折腾得很惨，图什么呢？钱也花了，时间也浪费了，结果什么都没学会。

（二）按图索骥，解决当下的某个问题，学以致用

这个阶段的学习稍微有点目的了，开始进入以终为始的状态。小时候就经常听老师讲要“带着问题去学习”，要有目的地去学习，不能无缘无故地听个课就完了，而要真真正正地通过这个课程解决一些问题、困惑。

比如有读者今天看到这章——“黄金法则梳理目标、达成思路”。在个人的目标达成出现问题时，想通过这篇文章明确自己的学习工作行动计划，逐步达成目标。很好，恭喜你！至少从方向上已经选对了。这就是按图索骥，即解决当下亟须解决的问题。

（三）为短期发展做系统储备，系统学习

假如你现在是一名招聘主管，给自己的定位是 3 年后做到人力资源全模块经理。这时，除了自己当下的工作，首先要学招聘，因

为你现在的本职工作就是招聘，如果招聘都没学好，其他的也不用学了。但是，当你招聘做得差不多，发现只学招聘不足以满足自己对未来的需求的时候，就可以去学和招聘相关的内容，比如培训或员工关系，且学的内容一定要在工作中有用，就算工作中暂时运用不到，也要思考。

比如你学了培训技能，但公司目前不需要，怎么办？

现在有很多 QQ 群、微信群、知乎，有人提问题，你就可以在群里或帖子上教别人，注意要根据别人的实际工作场景分析、给出对策，让对方运用，如果对方用了有效，就说明你的想法是对的，也变相验证了你的学习结果。

虽然自己当下没有做培训的验证平台，但是通过自己学习到的技能在网上或现实中指点别人、帮别人解决培训问题，或借别人的手实践自己的想法是可以的。如果现在的平台满足不了你，你可以换新的平台，而这时你已经算是有经验的人了。

这就是为短期发展做系统储备而学习，除了满足当下的“温饱问题”，还要考虑未来的“小康生活”。

（四）互相印证，构建自己的知识体系

这是最高级的学习阶段。即当你在某个模块、某个领域已经具有比较高的水平，可以处理各种“疑难杂症”的时候，就不会再满足于自己操作，而会构建一套自己的知识体系，形成模板。

市面上有很多 HR 工具模型，拿绩效考核来讲，有人用 MBO，有人用 OKR，有人用 360 度测评，有人用 BSC，还有人用 KPI，其

实这些工具的发明人都是以往那些学习很厉害的人，他们将实践经验总结起来，再和其他的知识相关联、跨界关联、互相印证，最后构建出一套属于自己的知识体系。

绩效考核工具没有好不好，只有适不适合，KPI 有发挥很大作用的时候，MBO 也有发挥很大作用的时候。

因此，发明这些工具的人本身都是很厉害的，都有自己的知识体系。

因此，当你学到一定程度，知识体系储备非常丰富，其他相关领域的经验亦很丰富时，就可以互相印证，构建出一套属于自己的知识体系，并不断完善该体系，达到学习的最高境界。

明确了学习结果和学习状态的四个阶段之后，就可以基于学习的 7–2–1 黄金法则，来明确具体的学习工作行动计划了。

第 3 节

黄金学习法则 7-2-1

先来了解一下 7–2–1 黄金学习法则是什么。

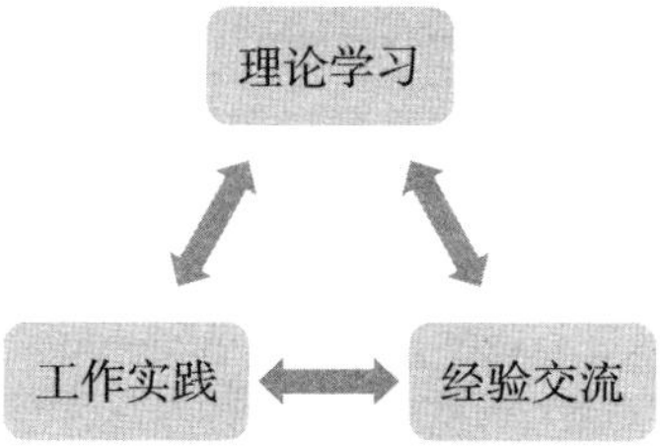

图 4–4　学习的黄金法则

10% 的学习通过理论学习实现，主要方式为：看书、听课、看文章等。

20% 的学习通过交流思考实现，主要方式为：与有经验的人交流、反思总结、提炼出自己的心得体会、把不知道变成知道、把不懂的弄懂等。同时将思考的结果与自己的实际状况结合，生成行动计划，用于改善工作生活。

70% 的学习通过工作实践实现，主要方式为：基于行动计划立刻实施改善，将所学到的理论知识和思考心得用于工作实践；在实践过程中不断做好行为评估和效果评估，基于评估结果不断优化和调整学习行动计划，形成良性循环。

比如在对照职业规划的表单对自己进行了一次严谨的评估之后，你发现自己公司当下和未来对招聘这一岗位的需求是持续的，而且这一岗位也是自己职业规划的必由之路，你给自己设定了一个目标，要求自己在半年的时间内将招聘的综合技能从 2 分提升到 3.5 分的水平。这个时候，你就可以通过学习的 7–2–1 法则，让自己快速将知识融会贯通。

第一，先将自己的不足规划出来，明确哪些技能是需要提升的、哪些技能暂时不用理会，这时，你可以将自己 10% 的精力放在看书、听课以及对专业文章的学习上，充分汲取理论知识，让自己对专业的理论以及概念有一个充分的认识。

第二，学以致用，即把自己不懂的地方标注出来，及时和别人进行沟通讨论，自己不懂的地方要及时查漏补缺。很多人在这个阶段喜欢闭门造车，只顾闷着头学习，但自己究竟掌握到了什么程度却不清楚，因此，交流互动就是一个检验的过程。

第三，实践应用。

课堂演练六

有兴趣的读者可以参照上述内容盘点自己的学习需求，根据 7–2–1 法则，明确个人学习工作行动计划。

第 4 节

明确生活作息计划

属于通用能力范畴的学习除了在工作中会用到之外，在日常生活和学习中也一样会用到。

时间管理除了工作中需要，学习中也需要，比如它能让你完成学习任务。在生活中，你可以教孩子怎么做好时间管理，让他在这个学习任务繁重的时代，还有更多的时间做自己喜欢的事情。

沟通技巧是一种需要在实践过程中通过和所有人沟通锻炼的能力，买菜、给孩子报补习班，等公交时与人攀谈等，都属于沟通，沟通的技能可以用于以上所有的场景。

学习也是一种能力，除了在工作中使用，还可以在生活中使用。

可以用于学做菜、可以用于学游泳、可以用于学打太极、可以用于学跳广场舞……

从广义上讲，生活是人的全部活动，工作和学习都是活动的一种，即生活包含学习和工作，而由于工作是学习实践的一部分，因此学习又包含工作。工作、学习和生活本身是紧密相连的。因此，除了学习工作行动计划之外，真正的学习者也会同时关注与生活相关联的个人生活作息计划。

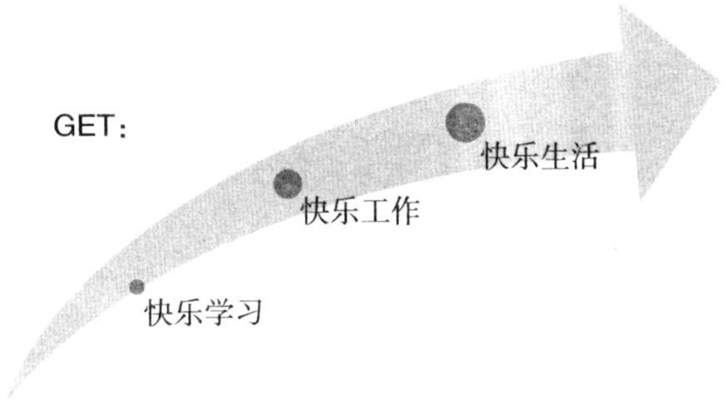

图 4-5　个人生活作息规划

职业规划的终极目标，并不只是为了工作，更多是为了个人的生活，只是通过学习打通三者之间的联系，最终获得属于自己的快乐学习、快乐工作、快乐生活。

综上所述，要达成自己设定的职业目标，需要注意以下几点。

1. 通过目标水平和目前的实际水平，得出个人学习需求。

2. 通过 7-2-1 学习黄金法则生成学习工作行动计划，在过程中进行行为评估和效果评估。

3. 工作、学习与生活紧密相连，要在做好学习工作行动计划的同时做好生活作息计划，实现快乐学习、快乐工作、快乐生活。

第五章

终极思维破局——学习行动

之前有很多读者反馈，他们在明确学习工作行动计划时思维会“卡壳”，主要集中在以下三点上：第一，不知道如何与实际工作关联；第二，不知道学习的具体先后顺序；第三，不知道学习的具体方向和方法。

本章将重点讲述如何解决制作详细的学习行动计划时的三个问题，帮助读者有效明确适合自己的学习工作行动计划。

实际上，学习与工作的计划本是一体，很多读者之所以会“卡住”，是因为在认知上存在对学习的误区——把学习和工作割裂开了。

第 1 节

近期目标设置的三大顺序

前几章讲到，定目标需从大到小、层层分解，先定大方向，接着按照目标分解的顺序逐渐由终身目标分解出长期目标、中期目标、短期目标、近期目标，其中近期目标指一年之内的目标，而近期目标的设置又应符合以下顺序。

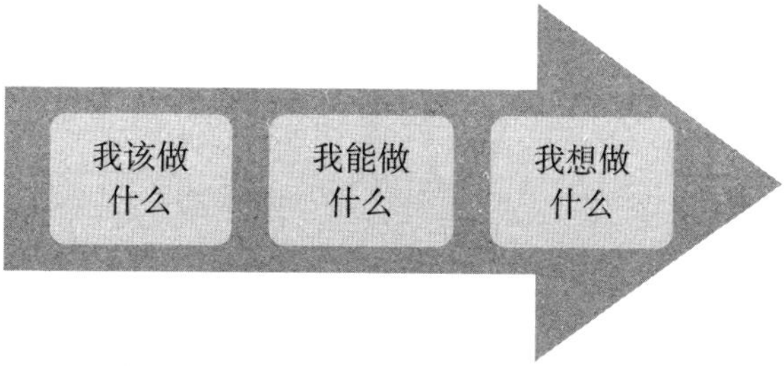

图 5-1　近期目标设置的三大顺序

首先确定：我该做什么（解决生存问题）——平台最需要个人解决的实际问题。

比如当下公司亟须解决招聘的问题，虽然你个人非常喜欢做绩效，也擅长做绩效，但是这个时候，如果你个人的招聘技能不高，计划中亟须提升的就应是你个人的招聘技能，而不是由着自己的性子去提升绩效技能。道理非常简单，也很容易理解，但是在实操的时候，很多伙伴心里或多或少地有怨怼，尤其是在学习了市面上很多关于绩效的“高大上”的工具之后，更感觉公司这里也不行、那里也不好，总是认为公司不够专业，特别想实施自己学的那些东西，而忽略了公司的实际发展需求。其实，其他公司的绩效方案之所以能够实施落地，就是因为他们对公司的实际情况以及实际需求进行了评估，这个方案是他们从实际出发撰写的。所以伙伴们在设置近期目标的时候，首先要考虑的是平台需要什么——先解决个人生存问题，再考虑发展问题。

其次确定：我能做什么（解决发展问题）——个人特质天赋中擅长的技能。

最后确定：我想做什么（解决个人终极幸福问题）——个人真正的兴趣和志向。

下面以一个 HR 为例，他的终身目标是成为一名 HR 高层。

一、我该做什么

先确定平台规模。因为不同规模的平台对高层的要求不同，对相同岗位的要求以及工作达成情况的要求也不尽相同，读者伙伴可以看一下本书前面几章的内容，里面对此有详细介绍。

再确定职位目标。分解出长期目标 HRVP*—中期目标 HRD—短

* HRVP：指人力资源副总裁（Human Resource Vice President），管理岗位，直接向总裁汇报，往往是一些大型公司或者人力资源体系比较健全和完善的公司才会设置的岗位，这个岗位的设置意味着该公司对人力资源的定位从原本孤立的支持、执行类部门上升为具有战略高度的部门。

期目标 HRM—近期目标 HR 主管。

但是，一年目标还不够全面，这个计划还不具备真正的操作价值，若要使它真正落地，他还须精准地确定精确到一年内各个时间段的详细实施计划，即确定近期学习的顺序：先学什么、再学什么、最后学什么。

当下最该做好的工作是最先要学的。

若该 HR 现在是人事专员，公司对其下达的任务是在一个月内招聘到 20 名销售人员。那么，他当下最需要学好的就是招聘技能，这是这一阶段的学习目标和计划，是学习的第一个方向，其他短期内用不上的技能，如绩效、培训等，必须暂时先放弃，做好“断舍离”，不能因为焦虑等因素同时学习。否则，眉毛胡子一把抓，最后什么也做不好，如果连基本的工作都无法做好，还谈什么发展。

二、我能做什么

当个人紧急、重要的工作基本完成，其间也把完成工作涉及的学习技能提升到了 3 分、4 分的水平时，就可以开始根据自己的特质确定阶段学习计划了。

这里为了方便各位读者理解，笔者继续使用前述人事专员的例子进行分析。

当招聘工作已经完成，或招聘工作虽未全部完成，但在技能上已经游刃有余时，尽管每天还需要持续招聘，但是工作量已经不饱和，且个人的招聘技能达到瓶颈，短期内很难再提升。基于之前的职业规划盘点，如果发现个人更擅长做绩效，此时便可以逐渐开始学习绩效模块的技能，再慢慢将绩效技能学精、学深，使它成为个人的一技之长，满足个人发展需要。

三、我想做什么

如果该做的已经做好，擅长的也学精了，最后便可以学习最感兴趣的技能。

继续使用前述人事专员的例子。

当招聘和绩效技能都已掌握得不错，且基于之前的职业规划盘点，确定个人最感兴趣的模块是培训，想做一名培训教练型的HR高层，此时，才是学培训技能的时候。

许多人往往开始就抱怨“目前公司让我干的不是我想要干的”，或者“目前我最擅长的也不是我想要的”，一味地给自己找一大堆看似合理，实则是在逃避现实的理由，总想在生存和发展问题还没解决的时候就去任性。假如你衣食无忧，培训也刚好是你的擅长点，一开始就能完全依照自己的兴趣去选择学习什么，只能说明你条件好、运气好，这条路能走下去。可是，如果你没有这样的条件，那么笔者建议你还是现实一点，老老实实按照生存—发展—任性的顺序去学习。

一个普通人的第一步是把该做的工作完成，工作需要你解决什么问题，就学习什么技能来解决这些问题，满足生存需求。

当短期工作基本完成、技能业已掌握，又有空闲时间时，方可进行第二步学习，即天赋特质擅长的技能，满足发展需求。

在彻底掌握一技之长、有了安身立命之根本后，方可进行第三步学习，即学习自己真正感兴趣的技能，满足任性需求。

第 2 节

近期目标设置的四项原则

在近期目标中阶段性的学习顺序都确定好之后，下面就要结合实际去细化操作，具体细节应参照以下四点切入。

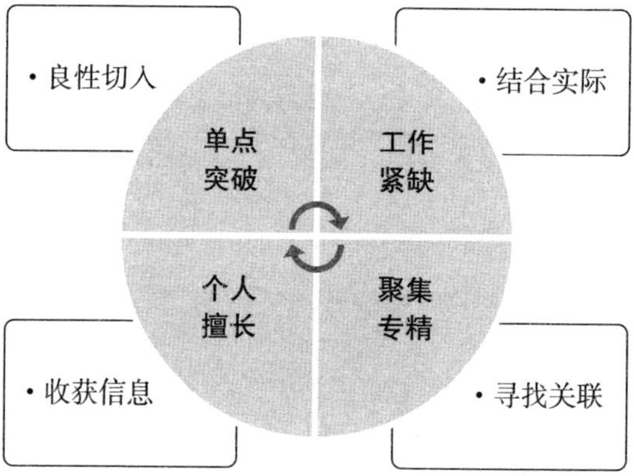

图 5–2　近期目标设置的四项原则

一、单点突破原则

社会学习不同于学校学习。在社会中学习时，由于学习内容和工作紧密相关，时间又受限制，那么为确保学习效果，不能一开始便把学习的面铺得太广，这种学习更适合单点突破。

案例智库

比如你要学绩效模块，那么最好不要一开始就去学绩效体系的搭建，这一方面太空泛，没有太大的意义；另一方面实际工作往往只需要你先解决某个点上的问题，而不是上来就让你搭建体系。尤其是一些小型公司，看似是要搭建绩效体系，实则只是“为绩效而绩效、为考核而考核”，他们看到别的企业做绩效，感觉自己公司也要有，不然就感觉公司不规范。所以这个时候，HR 的当务之急不是搭建体系，而是梳理出绩效流程、提取出关键绩效指标，让各个部门有一个具体实施的依据。

倘若你现在要学习招聘模块，而招聘模块的技能点有十几条，那么根据学习规律，就要按照执行层技能—管理层技能—决策层技能的先后顺序学习，再系统盘点自己的每个技能点分数，哪个技能分数低，就以哪个技能为切入点。

盘点后，你发现招聘技能包含工作分析、岗位说明书的撰写、电话邀约、面试邀约、渠道开发、面试甄选等一系列技能，可以先用半个月时间重点把工作分析这项技能学会，接下来再学习电话邀约等技能点，逐个、分批攻克，这便是单点突破原则。

设置学习目标时，切忌动不动就同时学习六七个技能，眉毛胡子一把抓，没有重点——一开始就想面面俱到，结果很可能是面面都不到。之前我们就有学员，自己设立的短期目标是成为一个在绩效、薪酬以及员工关系上都能达到 3 分、在招聘上可以达到 4 分标准的 HRM。一盘点，发现自己的招聘技能只有 3 分，而薪酬和绩效模块才刚刚达到 1 分，员工关系勉强可以达到 2 分，然后就开始绩效、薪酬、员工关系同时学习，结果可想而知——看似课程都听了、书籍也买了，但是学习成果很难落地，尤其是听课之后，感觉老师讲的都懂了，可是自己就是很难实施，时间久了还产生了自我怀疑：为什么道理我都懂，就是落地难呢？这就是想面面俱到，结果面面都不到。

二、工作紧缺原则

假设公司当下需要你完成的是设计一份技术部门的绩效考核表，那么虽然此时你还有许多常规的 HR 工作要做，但你如果还是在关注培训计划、招聘渠道开发等工作，意义便不大。此时你应暂缓手中其他工作技能的学习，将大部分精力聚焦到技术部门的绩效考核表工作上，恶补绩效考核技能，因为这才是当前你最需要学的技能，你要以最快的速度寻找绩效考核书籍、学习绩效考核课程、查阅绩效考核的资料，学完之后马上去设计和实施。

这便是工作紧缺原则。

三、聚焦专精原则

此处的聚焦专精不是指单模块的某个技能点，而是指具体的某个模块。实际上，HR 的本质是“管人”，“管人”的本质是“选、育、用、留”，六大模块只是为了让人力资源技能精细化，人为分割出来的而已。本质上，六大模块环环相通，把任意一个模块真正做精、做透之后，都可以关联到其他模块。

因此，在真正学习的时候，仅仅聚焦单点还不够，还需要聚焦模块，不能时而学招聘，时而学培训，时而学薪酬。东学一点、西学一点的最后结果便是每个模块都蜻蜓点水，又都无法真正掌握模块之精髓。与其这样，还不如在一段时间内学好一个模块。

案例智库

某 HR 计划今年学习三个人力资源专业模块。这里笔者建议最好在前半年时间只学一个模块，或者在前半年将至少 80% 的精力放在一个模块上。有读者可能会说，因为是小公司，老板“变脸快、需求多，一会儿要做培训计划，一会儿要做绩效考核”，怎么处理这个问题？

笔者刚转型做 HR 的时候，一人兼了三岗（绩效、培训、企业文化），笔者前期花了 1 年的时间，将 80%—90% 的精力都放在了一个项目上——班组长技能管理的培训，通过把这一个项目做透、做通，后面仅仅花了不到 1 年时间，就把所有的培训项目都做通了，顺利地从零搭建起了整套培训体系。再往后，又花了不到半年时间继续延伸，把绩效管理、员工关系、组织发展、企业文化建设等全部做通，且越到后期速度越快。这就是一通百通，顺理成章。

实际上，就学习 HR 技能而言，没必要在一定期限内把六大模块全都学得精通，那也不太现实，前期只需要聚焦在一个模块上即可。

基于前述案例，当中小型企业的老板让 HR 同时做六个模块的时候，HR 一定要明白一个点——老板确实让你六大模块都做，但没有要求你都做精通，因为精通不太现实，也完全没必要。此时，HR

完全可以把 80% 的精力聚焦在一个模块上，把一个模块的十几个技能一步步全部学透，再用剩下 20% 的精力把另外五个模块的内容学到可以维持表面工作即可。人的精力有限，HR 完全无须也不大可能在短期内将六大模块做得面面俱到。

之后，还要寻找模块与模块之间的关联。笔者之前在文章中经常提到，拿招聘来说，操作顺序是先进行工作分析，再做岗位说明书、任职资格条件等，它们的基础都是分析某人在某个岗位上需要具体完成什么工作、怎么完成、需要什么专业知识、专业技能、专业素养等。

其实把工作分析、岗位说明书、任职资格条件等招聘配置技能做通后自然就会明白 HR 各个模块的内容是相互关联的。

这就是笔者为什么反复强调，与其六大模块同时学习，不如精选一个模块，用半年或者 1 年把它学精、学透，之后你再去学习其他模块就会觉得好简单！因为原理是相通的。你会发现你可能花了 1 年时间学通第一个模块，但后面把五个模块学通的时间全部加起来也就是 1 年而已，甚至更短。笔者本人当年是这样学习 HR 的，后来培养下属时也是这样教的，辅导所有的 HR 学员时也是这样指导的。这就是为何笔者培养的下属、辅导的学员都能快速掌握HR技能，用半年到 1 年就能从专员水平直接提升到经理水平，这都是因为做到了聚焦专精。

四、个人擅长原则

在确定学习行动计划的时候，关键还是需要选择个人擅长点，因为人在自己擅长的点上容易收获自信。

大多数人在学习的时候，学着学着就想放弃或者懈怠了，很大一部分原因是学了一段时间觉得没有成效，逐渐丧失了信心，开始对自我产生怀疑：是不是自己笨？是不是某个技能太难了？是不是某个课程没用？

经常有学员向笔者“吐槽”，觉得虽然听了许多课，但听完之后用处不是很大、学不会。其实，有的人适合走管理路线，有的人适合走专业路线，但 90% 以上的 HR 都喜欢给自己制定总监、经理的管理类职业目标，而不考虑自己的实际条件。做计划的时候雄心勃勃，要在一年内从零基础成为经理、总监，等落实到具体行动上的时候又突然发现所有技能都不会，学了十天半个月，觉得经理、总监的职业目标好难达成，在受到打击后开始自我怀疑，逐渐就放弃了，以至彻底不学习了。

选择擅长点的好处就是便于收获成功、获得自信。

有些 HR 擅长与人打交道、协调人际关系，就可以先学员工关系；有些 HR 擅长与人谈判，就可以先学招聘、学绩效。

短期内以一个擅长的技能为突破点快速突破，会发现自己学习了一两个礼拜就能掌握一个小技能点，两个礼拜后又掌握了另一个小技能点。不断得到别人的认可、不断获得别人的正向反馈，就能逐渐收获信心，开始对学习产生自信，觉得学习是有实效的，也会逐渐喜欢并爱上学习，形成良性循环。

第 3 节

快速实现目标的三层思维

在实际的学习中，如果你想快速成长、少走弯路，还需要理解 HR 的一些核心本质。

HR 可以分为三个不同的层次。

基层思维：偏重个人实施，属于执行思维；

中层思维：偏重管理分解，属于管理思维；

高层思维：偏重经营决策，属于经营思维。

图 5–3　HR 的三个层次及其对应的思维方式

一、执行思维

这个层次的 HR 对 HR 的认识程度停留在六大模块上，喜欢从六大模块的角度学习、实践人力资源。

通过与一个 HR 谈一些 HR 问题就能知道他的水平和思维。凡是本能上经常讲工具模型的 HR，大多还停留在执行思维、停留在六大模块的思维上。倘若这样的 HR 职位上挂的是经理 / 总监，就说明他们的思维并没有转化过来，依然停留在专员的思维层面上，其实际解决问题的能力以及思维也依然停留在专员的水平上，属于挂着经理 / 总监职位的“高级专员”。

执行思维表现为乐于强调“我是做这个模块的”。有的 HR 潜意识里经常会觉得自己是做绩效的，似乎无法做也不该做培训的事情。这就相当于把人力资源管理硬生生割裂开了，因为六大模块本就是人为分割出来的，它并不是人力资源管理的本质。

二、管理思维

这个层次的 HR 认为 HR 就是“选、育、用、留”，喜欢拆掉模块之间的“墙”，以项目制开展人力资源工作。

一个合格的 HR 主管、经理在思考人力资源问题的时候，应该站在“选、育、用、留”的角度，而不是六大模块的角度思考。

如何选择合适的人、使人岗匹配，同时把这些人的能力提升到公司想要的水平、用好这些人，并把他们放到合适的岗位上产生相应的价值，满足公司的需求，最后把这些产生价值的人、优秀的人留下来，让他们能持续地为我所用、为公司所用，这才是人力资源的核心——“选、育、用、留”。

六大模块中其实处处都包含着“选、育、用、留”。

前文举过招聘配置中的“选、育、用、留”的例子，这里再举个培训开发中的“选、育、用、留”的例子：选择可以培训的、值得培训的人去培养，选好了再开始教，教会了再放到合适的岗位上用，该晋升的晋升、该调岗的调岗。最后，还要做培训激励、提升激励，留下培养好的人和教人的人（内训师）。

做绩效也是如此，根据公司的发展阶段选择不同的绩效激励机制、建立公司的绩效体系。假如公司处于快速发展期，需要不断壮大团队，同时优胜劣汰，避免不必要的人员支出浪费。这个时候就可以从绩效切入，提取合适的绩效指标，将任务完成高效，同时能够为公司所用的人留下来；将一些业绩低，又不愿意下功夫提升的人通过绩效的优化淘汰掉；针对一些表现一般的人员，通过做绩效激发他们的动力，让他们主动寻求突破，改变自己安于现状或者无法提升的状况。也就是选拔优秀的人、淘汰不值得培养的人、激发一部分中等人员，尽可能地使所有人的价值都得到有效发挥。当然，如果你的思维方式转变得足够快的话，这个时候，合理的辞退也就可以被提上日程，有的时候，合理辞退员工也是做绩效的一种。

因此，人力资源管理的六大模块只不过是通过不同的手段、不同的方式，从不同的角度切入“选、育、用、留”而已。

三、经营思维

这个层次的 HR，认为人力资源管理的一切活动以企业的经营为核心目的，喜欢以良性盈利和持续良性盈利为开展人力资源工作的核心依据。

做 HR 一旦做到真正的总监、VP 级别的时候，也就成为公司的决策层了，会参与公司的经营决策，成为公司真正的战略合作伙伴。

不同于业务合作伙伴，战略合作伙伴会更多地考虑公司的整体规划、长远发展，而业务合作伙伴仅需要确保目标的分解达成。

既然是战略合作伙伴，就需要站在经营者的视角，决定或者参与决定公司能做什么、不能做什么，再基于战略决策分解、确定公司的人力资源规划。这时，仅仅停留在“选、育、用、留”的层面也不能满足职位要求了。这个层次要根据公司的最终目的，即公司未来要做什么事情、公司为什么要这样做，分解出“选、育、用、留”层面的规划，最后再分解出六大模块层面的规划。

案例智库

某公司今年要并购一家企业，原来的人力资源体系可能完全不适应合并后的企业的需要。此时就要：

第一，思考完成并购后，现有的人力资源体系需要进行哪些调整，基于战略驱动、核心竞争力、SWOT 分析等诸多经营要素，确定新的人才需求标准和数量。

第二，从新的人才需求标准和数量切入，层层分解。

拥有经营者思维的人永远站在公司的宏观方向上思考。

比如公司做某件事情是为了短期生存还是为了长期发展。有些公司有时为了长期发展，可能会做一些违反传统人力资源管理标准模式的事情。

理想状态下的管理干部在上岗前一定要经过胜任技能培训，培训合格才能上岗。但实际上，许多企业在快速发展的过程中，并没有这种按部就班开展培训的资源和时间，如果按部就班地“走流程”，对于公司来说，可能“黄花菜都凉了”。

处在快速发展阶段的公司是没有精力做标准化培训的，如果严格按公司的任职资格要求看，许多管理干部都是不符合任职标准的，但是这些人能不用吗？肯定要用啊！否则就无人可用了。许多家族企业就是典型的例子：当公司内部条件还很差，和其他企业对比还不具备竞争优势的时候，外人根本就留不住，人家也不愿意留，只能靠亲戚、朋友帮老板支撑公司，而公司每天都要运转，许多事情需要有人去执行，此时不管这个人能力如何，公司都得用。

因为这个时期，公司的核心目的是满足战略需要，即快速发展的需要。平稳度过快速发展期后，公司才有资格和时间逐渐规范人力资源管理、补全体系和优化人员能力，再逐渐健全六大模块制度，这就是经营者思维。

HR 要想快速成长，到了一定阶段，就得站在公司经营的角度考虑问题。

企业经营的本质 = 盈利和持续盈利

企业管理的本质 = 解决问题、帮助盈利和持续盈利

作为人力资源管理的战略驱动思维，不能局限在某个标准、某个流程、某个制度上，更不能局限在某个工具上：一定要用 BSC、一定要用 KPI、一定要用各种各样的模型工具。这些模型工具不是人力资源的本质，人力资源越做到后面，越需要去工具化，或者自造工具。

工具只是某个特定时间内的某个人总结出来的一套规律，而且是在特定的场景下由别人总结的经验。既然是经验，就不是100%适用于所有情境，因为经验也是因时、因地、因人、因事而异的。

有些HR比较迷恋工具，甚至误以为只有掌握工具才叫专业，就招聘而言，他们似乎觉得不会某种访谈法就代表不会招聘面试！试问，谁规定只有会这种访谈法，才叫会面试？实际上，只需掌握面试的根本，即识别候选人信息的真假和按照公司标准进行人岗匹配，然后从五个维度、十个要素把人面试筛选出来就可以了。最终，能够每次按照组织的要求，在规定时间内，把合适的人招到位，就叫专业；反之，堆砌了一大堆工具、方法，最后却招不来合适的人，叫伪专业。

千万不要一谈到专业就想起工具、模型，能持续、有效解决问题的，才是专业。

综上所述，要使学习工作行动计划有效，需要注意以下几点。

1. 按照“我该做什么、我能做什么、我想做什么”的顺序确定自己的学习计划，分别解决生存问题、发展问题和各种终极幸福问题。

2. 进行近期目标中的阶段性学习时，需要遵循单点突破、工作紧缺、聚焦专精和个人擅长的原则。

3. HR 要想快速成长，就得将自己的执行思维逐渐转变为管理思维，拆掉人力资源专业模块之间的“墙”，从“选、育、用、留”的角度考虑问题，再逐渐转变为经营思维，成为公司真正的战略合作伙伴。

4. 专业并不体现为各种专业工具和专业模型，而体现为无时无刻、持续有效地解决问题。

第六章

八类方法，助力职业目标达成

有很多读者反馈，在明确了具体学习工作行动计划后，它却没有用武之地，问题主要有以下四点。

第一，没有掌握职场学习的客观要素；

第二，没有把学习的具体方法用到极致；

第三，没有把学习和工作生活有机结合起来；

第四，没有真正理解《职业规划表》不同层级的技能核心。

基于这几点，本章将重点解析帮助读者创造条件、实现快速成长的八个方法，帮助读者根据自身实际情况找出适合自己的方法。

第 1 节

职场快速学习的三个客观要素

要想快速成长、顺利达成职业目标，离不开以下几个客观要素。

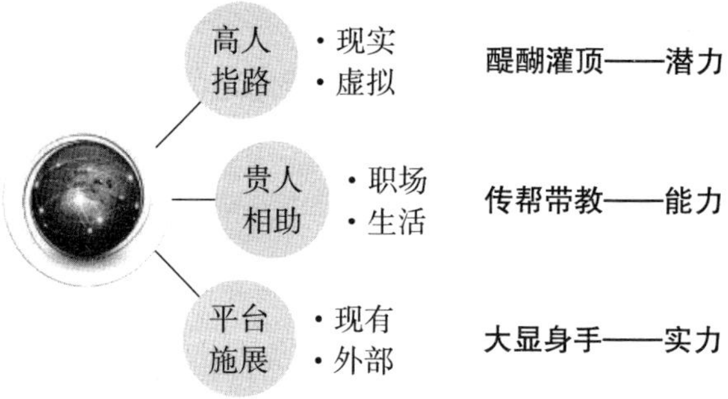

图 6-1　职场快速学习的三个客观要素

一、高人指路

所谓高人指路，就是在现实或虚拟平台中，能够有人瞬间点拨你、给你醍醐灌顶般的指导。

许多时候，人们靠自己摸索十年八年都摸索不出来的“门道”，只需高人寥寥数语，如简短的故事分享，便可使人茅塞顿开，似乎瞬间被“打通任督二脉”。

这种高人在现实中可能是公司领导或亲戚朋友中的高人、网络社区的大咖等，只要你想找，肯定能找到。

高人指路的核心在于，以高人多年的经验总结和社会阅历帮助求助者指明正确的方向、规避弯路，规避掉许多不必要的或成本巨大的试错行为，且快速拔高了求助者看问题的高度、格局，拓宽了求助者的思维、眼界，相当于瞬间加快了求助者的成长速度，因此提升了求助者的潜力。

许多时候，选择大于努力。

二、贵人相助

所谓贵人，就是能够给自己提供关键帮助或持续帮助的人。

学习中的贵人指的是能传、帮、带、教、扶持自己，甚至给自己提供实践平台的人，他们可能是你在职场中的直接上级、生活中的老师和前辈等。

就职场的学习提升而言，找到一个靠谱、能够真正培养自己、力挺自己、授权给自己的领导，就算是遇到职场贵人了。

这个环节是提升能力的关键。

三、平台施展

所谓平台施展，就是有将学习到的理论知识、专业技能实际发挥出来的平台和机会。

如果有高人指路，同时也有贵人相助，且在平台内部领导已经充分放权，但是如果领导本身的权力不够大，你发挥的空间也依然很受限制。一种情况是，领导自己尚且怀才不遇，更何况作为下属的你呢？因此，现有平台的空间很关键。另一种情况是，领导有权，也放权，但是平台本身就很小，比如在一家只有三五个人的初创型企业学习做任职资格体系，根本就是生搬硬套，因为公司根本不需要，也用不到。

平台分为两种，一种是现有平台，就是你目前供职的单位，可以直接在平台实战。另一种是外部平台，外部平台也能间接提供一些实战的机会，比如一些 HR 公益组织、培训咨询机构、网络社区等。

当自己的技能无法在现有平台实践的时候，可以考虑用自己的学识和技能去指导他人，可以教学相长，或是在别的平台上施展出来，比如参与咨询项目、培训授课、私人辅导，甚至兼职协助别人工作等。

总之，只要能实战的地方，无论间接还是直接，都是平台，而任何知识和技能都需要转化为与之匹配的结果，只有有了结果，学习才有价值，才是你的实力。

因此，平台是发挥和展现实力的地方，没有平台，就不会有结果，也不会有实力。

有潜力仅仅代表你悟性好、能力提升速度可能快；能力也仅仅代表你具备基础、具备创造结果的本领；而实力是把能力转化成有价值的结果，学以致用并收效甚佳，方显实力。

一切没有经过实战检验的理论知识和专业技能，都是纸上谈兵、空中楼阁。

第 2 节

将学习 7-2-1 黄金法则用到极致的八个方法

图 6-2　学习 7-2-1 黄金法则

一、10% 的理论学习

看书学习：视觉学习，具体的方式有读电子书、实物书、文章、别人的学习笔记，等等。

听课学习：听觉学习，具体方式有看视频课、听音频课、线下课等各类课程。

理论学习主要用于增长知识、学道理，完成学习的第一步。

二、20% 的交流思考总结

（一）交流碰撞

请教别人，把自己的学习理论和操作中的疑惑提出来；指导别人，别人抛出问题，你来指点别人。

在指导别人的过程中，你很可能会发现自己无法解答，或是解答不清的点，这就代表你自己还未能彻底掌握、参透某个点。这个过程可以有效打破你的学习瓶颈，对自己进行查漏补缺，帮助自己摆脱眼高手低的局面。

这里有的伙伴可能要开始苦恼了，不知道自己可以去哪里指点别人，也不清楚怎么请教别人，尤其是有些伙伴可能考虑到自己年纪和资历都上来了，虽然嘴上说着要请教别人，但是实际行动中就又会拉不下脸、犹犹豫豫、退缩不前。

这里笔者为大家提供一些渠道——读者们可以在微信群、知乎、论坛上以及线下活动中和其他人互动。有的时候可能公司当下并没有进行某模块或者某专业技能的实施，这个时候就可以把自己的操作方法和操作思路同其他小伙伴们分享，一方面，可以检验自己的学习情况；另一方面，别人的实施过程也是对自己实际技能掌握程度的一次检验。

（二）思考总结

交流本身不是目的，交流的核心目的是反思、提炼、总结，并基于学到的内容和自己的感悟形成具体的行动计划，应用到实战中。

本章主要讲使用学习工作行动计划，达成目标。会学习的读者在看完本章后可以带着感悟立刻思考总结，并根据总结，依照学习行动计划，达成个人目标。

三、70% 的实践应用

如果只是听课、做简单的笔记，或者写一篇心得总结，意义并不大。完成课程笔记只完成了初始步骤，后面还要形成具备实际意义的学习工作行动计划，比如何时执行计划、具体如何执行等。这些才是关键，最终把计划落实的过程便属于 70% 的实践。

这个环节也是最难的，很多读者在达成学习目标的时候最容易卡在这里，要么是缺少自律，要么是无从下手。但是，更多想学习的人会受限于现有平台无法提供机会。

因此，对于平台实践而言，没有机会，就要学会创造机会。

实践的方法分为四类。

（一）用于个人的生活工作实践

最完美的莫过于，学完知识技能，刚好有实践平台。比如你学习了绩效管理，恰好公司或部门内需要推行它，即便公司和部门不推行绩效，个人也可以先对自己进行绩效管理。

之前有读者说，对自己做绩效，公司又不给绩效奖金，为何要做这种吃力不讨好的事？在此提醒抱有类似心态的读者：成长首先是个人的事情，而不是平台的事情。

因此，你若真的想通过学习绩效管理达成自己的职业目标，在工作中就可以先对自己进行绩效管理，把自己的岗位指标提炼出来，管理自己的工作绩效。

在生活中，则可以把自己的生活目标提炼出来，然后按照绩效管理的方法，管理自己的生活绩效。

那些真正想学习、提升的人，总是会去主动发现问题、解决问题、创造条件，而那些表面上打着学习的幌子，实际上思维懒惰的人，总会把别人提供的许多有效建议和资源，用一系列借口全盘否定。

如果你真的想学习，只要做好自己的时间管理，就一定能找到合适的切入点，无论是在工作中还是生活中，这样的实战机会都很多。

就拿招聘技能来说，笔者随随便便就可以找出十几个方法实践招聘技能。招聘有个核心技能——识人，就连平时买菜、和别人聊天，都能够根据谈话，对交流对象的言语和行为进行观察，再通过平时的观察分析得出对方是什么性格特点；而购物时和商家砍价的过程则完全可以用于薪酬谈判的实践。实际上，这些技能都可以与生活关联——学习无处不在，一切事物都可能是实践点。

以上便是如何在自己的生活与工作中实践。

（二）指导他人开展工作或直接在别人的平台上实践

当你无法在个人所在的平台施展和发挥的时候，可以用自己的所学指导他人，或者直接在别人的平台上实践。

案例智库

笔者之前辅导的一位学员，在几年前花了几千元学习绩效激励，但是当他回到企业后，他的老板根本不在乎他学的这套。这位学员满腔热血地做出了一份详细的推行方案，却被老板毫不客气地否定了，该学员顿感内心受到了一万点暴击。怎么办呢？笔者后来便安排他编制笔者公司的运营机制，其中就包含绩效激励体系，等于为他提供了一个间接实践的机会。

笔者的另外一位学员曾经很苦恼自己没有领导力，公司内部又没有机会，笔者就安排这位学员去辅导一些基础比较薄弱的学员的学习，因为领导力的核心技能之一就是工作教导——培养下属是领导力的第一个关键点，这就成功地解决了他部分领导力技能实践的平台问题。

所以，没有机会时要创造机会，很多读者总觉得自己的老板不安排这项工作，公司的老总不安排那个事情——为什么非要别人安排呢？为什么就不能主动一些呢？

比如学习招聘，网络上的许多其他HR都有招聘任务，自己公司同事也可能有招聘任务，你完全可以利用业余时间主动帮别人实施具体的招聘任务。这里可能又会有人开始找理由、找借口了——做招聘还要打电话，自己没时间也没机会，自己的性格天生如此。诸如此类，全是借口。

（三）做好方案与别人交流，请别人指点完善

当个人的平台无法实践，且限于一些客观因素，也无法指导他人或者在别人的平台实践时，可以先将学习的内容生成实施方案，请别人帮助完善自己的方案细则，并在完善过程中请有经验的人基于过往的实战和未来的预期进行讨论。

（四）模拟执行做好的方案

当方案已经成型，如果现有平台无法实施，还可以根据现有平台的实际状况模拟实施。

案例智库

笔者之前做工业工程的时候，由于权限的限制，许多改善的想法和方案无法得到公司的支持。但笔者并没有放弃，而是经常收集与改善方案相关的信息数据资料等，画图模拟——基于公司当下存在的问题，模拟改善方案中的运营流程，看看自己的方案是否可以解决，并不断地找出漏洞、完善漏洞。后来，当笔者一步步从工程师走上现场管理岗的时候——大概是在半年后，成功地获得了实践的机会，于是笔者实际执行了自己之前经过不断完善的方案。而一段时间后，又受权限制约，无法进行更大的管理制度改善，此时笔者继续使用之前的方式，不断模拟运行并完善方案，后来跳槽到另外一家企业，在新的企业实施了这套方案。

笔者还在企业供职的时候，有段时间学习了积分制绩效管理，

但是由于权限和公司实际情况导致短期之内无法实践，怎么办呢？

首先，笔者把积分制用在了自己孩子的身上——快乐积分法绩效激励，这就是应用于生活中。

其次，那段时间刚好有一位学员的公司准备推行积分制绩效管理，笔者就把自己的思路和方案拿了出来，并在网络上指导这位学员实践，教学相长。

再次，就算不能实施，也可以自己做一套方案，请记住：别人可以限制你的行动，但是限制不了你的大脑。当你没有权力的时候，可以设想自己有权力，把自己设想成公司老板或者人力资源总监，那么假如公司现在要调整薪酬，基于对公司的理解，你会怎么调整公司的薪酬？为什么？可以自己设计一套薪酬方案，并和他人一起交流探讨、完善方案。

最后，模拟执行。笔者以前在企业推行绩效管理的时候用过这个方法，公司当时在学习华为，很希望实行末位淘汰制，但公司的大环境一年之内不允许这样做。笔者当时把淘汰的标准初步设计出来，存在自己的电脑里，但既然不能真正实行，如何验证方案的实效性呢？于是笔者私下与公司其他部门的员工交流，征询他们的意见和想法，然后一直与他们探讨，假如公司实施这种机制，过程中会有什么问题、需要如何规避和协调等。这样一来，虽然不能直接实践，但可以模拟执行、不断完善方案。

后两种方法虽然不能达到 100% 的实践效果，但至少可以达到 80% 的效果。

第 3 节

有效结合学习、工作、生活的六个维度

学习、工作、生活本就是一体，是相辅相成的，但很多人在实践中往往会将三者分开，认为学习就是学习、工作就是工作、生活就是生活，把每一项都严格分开，殊不知三者之间联系密切、相互成就。

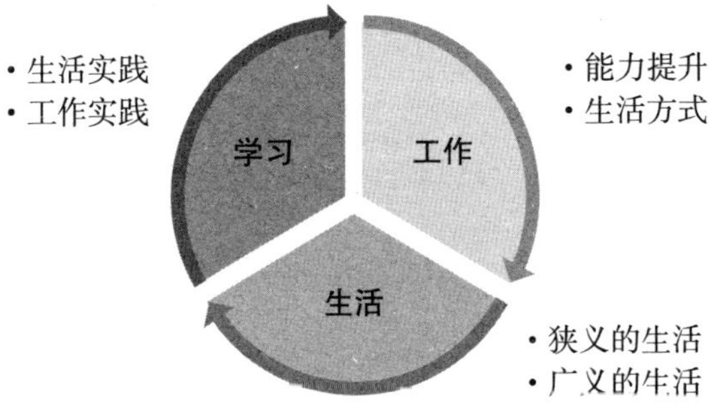

图 6–3　学习、工作、生活的六个维度

一、学习

学习中包含实践，学习技能包含生活技能，也包括工作技能。

生活实践：如学习人际交往，与亲朋好友相处、完成日常活动和事情。

比如学习人际交往技能，日常的买菜过程就是一个与人由陌生到熟悉的过程，一个人际交往能力强的人，在处理这种人际关系时往往可以做到游刃有余。

工作实践：如学习如何与同事相处、完成工作任务等。

二、工作

生活就是每天的一言一行、一举一动。

能力提升：工作是提升能力的平台，也是施展能力的平台。

生活方式：工作属于广义上的生活的一部分，是一种生活方式。

三、生活

生活分为狭义的生活和广义的生活。

狭义的生活：工作以外的、可自由支配的时间。

广义的生活：存在的方式、维持生存与活动的一切行为。

因此，学习、工作、生活看似彼此分割，其实三者联系密切，学习即是工作，工作即是生活，生活即是学习。

因此读者伙伴们在学习的过程中不要把学习、工作和生活拆开，认为学习就是为了什么东西，比如就是为了工作而学习，或者为了学习而学习。假如我们学习了绩效，它不单单可以用在工作中，你也可以给孩子做一个绩效激励方案——笔者此前提到过的快乐积分法就是这样，将快乐融入生活，快乐生活、快乐工作、快乐学习。

第 4 节

明确学习工作行动计划的注意要点

学习工作行动计划中可能有很多技能，总体来说可以分为两类。

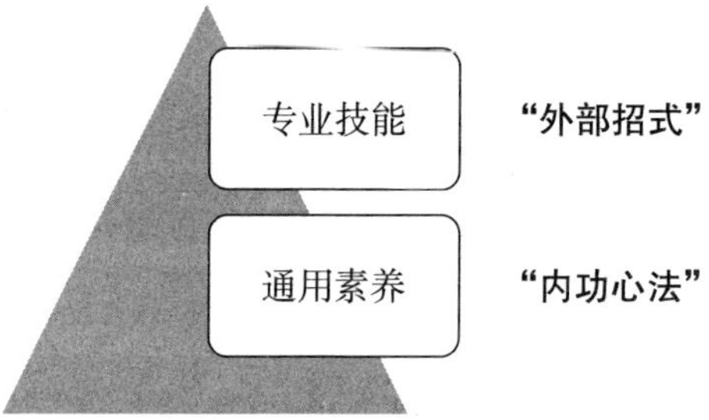

图 6-4　技能的分类

第一类是专业技能，第二类是通用素养。它们之间的关系类似于“外部招式”和“内功心法”。

一、通用素养

这是做事的基本素养，是一个人做事的习惯风格，属于基础技能。

二、专业技能

指直接产生结果的技巧方法，是操作层面的技能，属于实施技能。

通用素养和专业技能完全可以同时学习，且最好同时学习，如果一次只学习其中一类技能，效果可能反而不理想，后续进步缓慢。

比如学习招聘技能时，你需要设计《招聘计划表》、之后需要执行、执行时需要考虑落地问题，要层层分解、环环相扣。此时，你就用到了通用素养中的细节分解实施——高效、自律的执行。

如果一个人不知道如何分解任务指标，整个任务就会做得越久越绝望，甚至怀疑自己，因为本身目标的分解不清晰。其实，这就像招聘首先要进行渠道开发，然后再进行简历筛选，之后再进行电话邀约和薪酬谈判一样。但是在执行的时候，很多 HR 往往会感觉明明自己也有简历，可是邀约的时候人家为什么总是不来呢？感觉自己的话术也没有问题，可就是不知道问题出在哪里。这就属于在细节分解实施中，只考虑结果而忽略了其他问题。同样，如果自身的自律性较差，那么计划得再完美，无法按照计划实施也是白费力气。

学习力的提升则必须通过专业技能的提升实现。假定学习前，你学会招聘的十几项技能需要 10 天，学习快速成长技能后，将其中的学习方法运用到招聘技能的学习上，速度较学习前提升了两倍，这就代表你的学习力获得了提升。

要想确定合理的学习规划，就需要对时间进行合理规划，需要用到时间管理技能；而在执行规划时，又少不了与人产生交集，处理人际关系时便需要用到有效沟通技能。

做任何事都很难一帆风顺，难免会遇到各种问题，这时就需要用到问题分析与解决能力，解决问题、完成规划。

任何一个专业模块能力的学习都可以用到通用素养类的全部七大技能，这就是为何通用素养类技能可以和专业技能同时学习实践——因为它们是相辅相成的。

对于专业技能基础相对薄弱的读者，笔者则不这样建议。因为通用素养技能和专业技能之间存在较强的关联性，而专业技能之间的关联性相对弱一些，且领域跨得越远，关联越弱。

跨领域的比如同时学习人力资源和财务管理，两者之间的跨度过大，关联很弱。

同领域的比如招聘技能和绩效技能同时学习。假如公司急需招聘 20 个销售，但是短期内通过绩效学习招聘似乎不太现实，二者间的距离太远，关联也较弱，若要解决招聘问题，短期之内还是要聚焦招聘工作和招聘技能的提升。此时，通用素养可以一起使用，因为分析招聘有什么问题，便会用到问题分析与解决；邀约面试，便会用到有效沟通；等等。

因此，在明确学习工作行动计划时，通用素养可以和某一模块的专业技能进行同时提升，但专业技能本身最好聚焦、分阶段提升。

第 5 节

三个不同层级的核心技能

有很多的学员反馈自己不知道目前各项技能的标准到底是什么，感觉能够胜任中小型规模企业的 HRM 了，但实际应聘的时候发现自己仍不能获取入职资格。到底要怎么系统地盘点各技能分呢？附录中的《职业规划表》可供参照。

最上部分的技能代表执行层技能，即基层技能。

中间部分的技能代表管理层技能，即中层技能。

最下部分的技能代表决策层技能，即高层技能。

这种分类并不绝对，但基本可以进行如下分类。

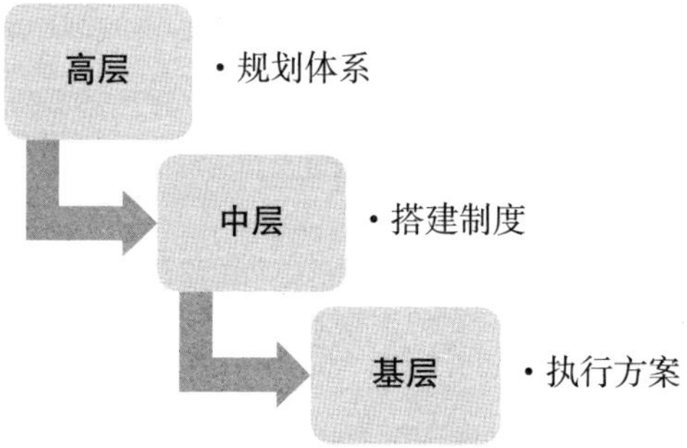

图 6–5　三个不同层级的核心技能

高层：高层主要是搭建规划体系。

中层：中层主要是搭建制度流程，如设计程序文件、设计管理办法、设计工具表单、设计实施方案。

基层：基层主要是执行和实施制度流程，如计划方案、工具表单等。

在此以招聘岗位为例，为读者讲解什么是“不同层级的不同技能”。

案例智库

表 6–1　招聘与配置技能盘点

类　别	NO.	项　目
招聘与配置	1	工作分析
	2	岗位说明书的撰写
	3	任职资格要求的撰写
	4	评估岗位招聘需求
	5	招聘渠道开发
	6	筛选简历
	7	电话邀约面试
	8	面试接待组织

续表

类　别	NO.	项　目
招聘与配置	9	面试甄选能力
	10	薪资谈判技巧
	11	招聘方案的撰写与实施
	12	招聘计划的明确
	13	招聘制度设计
	14	招聘体系搭建
	15	高端人才猎聘

基层的招聘技能主要是：招聘渠道开发、工作岗位分析、岗位说明书的撰写、任职资格要求的撰写、电话邀约面试、面试接待组织等基础的执行工作。

中层的招聘技能主要是：招聘流程搭建、招聘工作计划拟定、招聘制度设计、招聘方案的撰写、普通人才的识别和吸引。

为什么要将面试甄选能力和薪资谈判技巧放到中层招聘技能里呢？因为一般情况下，只有 HR 主管及以上的人员才有资格进行候选人的系统面试，并确定他们的薪资，决定是否录用，而专员层级的 HR 是没有这个资格的，只要能把人约来、组织面试活动即可。

高层的招聘技能主要是：设计整个公司的招聘规划体系、整个公司招聘制度的宏观设计、规划配置、确定招聘工作的指导方针、关键人才的识别与吸引。

为何高端人才猎聘是高层技能？因为普通专员级别的 HR 经理很难真正吸引高端人才，也无法决定高端人才的去留，这类人才的招聘和去留一般都是由 HRD、HRVP 负责的，他们手里有高端人才资源、能与公司决策者直接对接，且在一般情况下，公司并不需要过多的高端人才，对于这些人才的系统管理也是属于经营层要思考的问题，中层很难具体实施。当然，这里仅指通常情况下，特殊情况不在此讨论范畴内。

因此，在确定学习工作行动计划时，要根据个人的职业目标定位来匹配相应的技能学习。

综上所述，要通过学习工作行动计划达成职业目标，需要注意以下几点。

1. 通过寻求高人指点提升自己的潜力；通过贵人相助，提升自己的能力；通过平台的施展、实践，提升自己的实力。

2. 运用学习 7-2-1 黄金法则，在实践阶段如果没有平台就寻找平台、创造平台，不要认为实践平台只存在于公司内部。

3. 让学习、工作、生活相辅相成，三位一体。

4. 不同的层级对应不同的学习技能点，根据个人职业目标及其相应的技能学习。

第七章

七个要素，完美结合理想与现实

很多读者反馈，在确定学习工作行动计划时，不知如何根据个人的职业目标定位来匹配相应的技能学习，原因主要是以下三点。

第一，没有掌握学习工作行动计划的要素。

第二，没有真正理解三个层级、四类 HR 管理者的目标要求。

第三，没有把学习周期和学习目标有效结合起来。

基于这几点，本章将重点解析完善学习工作行动计划的三个方法，帮助读者根据自身及周边实际情况确定符合实际的学习工作行动计划。

第 1 节

学习工作行动计划的七个要素

真正确定学习工作行动计划时，需要根据 5W2H 法进行细节完善，对照表中第一周的周目标制订具体实施计划。

计划需要具有如下图所示的七个要素。

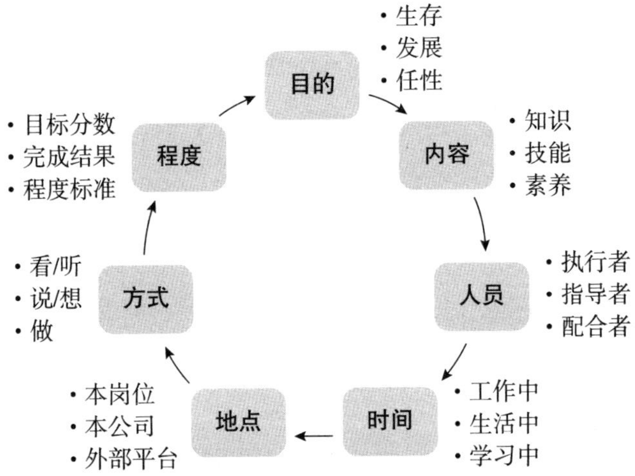

图 7-1　学习工作行动计划的七个要素

一、目的

学习需要以终为始，即必须先明确学习的目的。学习的目的可分为三层。

第一层：为了满足公司当下的工作需求、满足个人基本的生存需求。

第二层：满足生存需求后，为了把自己的某个擅长点发挥到极致，获得真正的一技之长，即满足个人的发展需求。

第三层：满足发展需求后，基于个人的兴趣和志向持续学习、发挥，即满足个人实现自我价值的需求。

人在社会中工作时，要先满足第一层需求，再满足第二层需求，最后才能满足第三层需求。

要基于需求满足的顺序确定学习的顺序、设置计划中不同的阶段性学习目标。

如果公司当下最紧急的工作是新员工入职培训，而你个人最擅长做绩效管理、最喜欢薪酬福利，那么这时学习顺序就应该是培训—绩效—薪酬。

如果三重需求出现重合，就可以高度聚焦、直接合并。

二、内容

有了目的之后还要明确学习的具体内容，内容主要分为三大类型。

第一类：知识类，主要是理论知识和理解性记忆的部分。

第二类：技能类，主要是实际操作和实践性记忆的部分。

第三类：素养类，主要是日常习惯和本能性记忆的部分。

一般而言，在系统学习中，需要先学习理论知识，再学习操作技能，最后形成习惯素养。

比如你想系统性地学习劳动关系，那么首先要学习劳动关系的相关理论知识，如看劳动关系相关的书籍案例、听劳动关系相关的课程分享等，此为学知识。其次将所学到的相关知识用在工作和生活中，如处理劳资纠纷、办理劳动合同等相关事宜。最后让劳动关系中所需要的对应专业素养形成习惯，如习惯性谈判、习惯性依法办事、习惯性……

三、人员

学习提升过程中会涉及的人员主要包括三类：执行者、指导者、配合者。

在明确学习工作计划的时候，如果你已经很熟练了，那么这个环节就无须写得过分细致，在真正实施计划时做到心中有数即可。

但假如你还不是很熟练，此时就要按照标准，把每一项行动计划需要对应的三类人员都分别明确下来。

比如一名 HR 专员正在学习绩效考核，在实践环节需要输出个人的一份绩效方案，此时这名 HR 就是绩效方案的执行者。

但是绩效方案本身并不是一名 HR 专员就能一步做到位的，所以这名 HR 专员还需要寻找一名指导者指点自己并审核绩效方案，这名指导者可以是公司里自己的上司，也可以是现实或网络上的绩效高人。

而绩效方案在最后的落实执行也不是这名 HR 专员一个人就能完成的，因此还需要有实际落地时的配合者，这个人可能是各部门主管，也可能是各部门助理等。不管如何，凡是配合这名 HR 专员完成绩效方案执行的人，均可视为配合者。

以上便是学习工作行动计划中会实际涉及的三类人员。

四、时间

确定计划时需要综合思考执行者、指导者和配合者三者之间的关系，根据实际情况统筹安排并确认好执行时间。时间安排的选择可分为三类。

第一类：工作中。即与工作紧密相关、马上就能用上的技能，这类技能完全可以在工作中学习实践。比如公司紧急招聘人员到岗，完全可以在工作中学习实践招聘技能。

第二类：生活中。即工作中暂时用不上，却可以安排在生活中学习实践的技能。比如公司暂时不需要做培训工作，但个人可以将培训技能在家庭教育中实践。

第三类：学习中。即在工作、生活中都用不上的技能，这类技能可以安排在一些特定的活动中学习实践。比如实践心理咨询技能时，就可以在一些社区公益平台学习实践。

五、地点

根据上一章的内容可以知道，学习实践的场合有三类，分别是：本岗位、本公司（部门）和外部平台。

前段时间，笔者让一位学员设计了笔者所在公司的薪酬方案，对于该学员而言，这就是外部平台。而笔者的教学模式，也是拿自己的公司为学员提供真正的实践操作平台，解决学员因现实平台受限而不能学以致用的问题。

六、方式

学习方式永远是三类六种——第一类，理论学习，包括看书（文章）和听课；第二类，交流总结，包括交流和思考；第三类，实际操作，包括动手和动脑。

七、程度

程度用三种方式描述，《职业规划表》的范例对此进行了详细的解释。

（一）目标分数

比如第一周的学习目标程度是将电话邀约技巧提升到 3 分、保证一周成功邀约到 18 人。那么其中的“电话邀约技巧提升到 3 分”就是目标分数，属于量化型的衡量目标。

（二）完成结果

沿用前例，“保证一周成功邀约到 18 人”就是完成结果，属于量化型的工作结果。

如此设置的原因是，可以通过实际工作结果，证明个人的电话邀约技巧确实达到了 3 分。反向逻辑是：电话邀约技巧提升到 3 分在工作中体现为什么？应该是一周成功邀约到 18 人。

因此，完成结果是在从工作任务达成的角度佐证目标分数的达成。

（三）程度标准

也可以叫细化和明确化。有些工作和行为很难量化，因此设置了细化和明确化描述的方法，这同样可以成为一个有效的完成结果衡量标准。

比如在设计薪酬方案时如何衡量薪酬方案是否合格？可以通过逆向验证薪酬方案最终实现了何种激励目的、是否实现了任务发布人想要达成的效果来验证方案是否合格。倘若任务发布人想通过薪酬方案的改善达到使员工加班的目的，那么只要对比员工在薪酬方案实施前后的加班行为，即可检验该薪酬方案是否合格。

又如在优化招聘 JD* 时，如何衡量 JD 是否合格呢？假设优化招聘 JD 的目标是让候选人了解公司，技术岗位简历的投递量能从一周 5 份提升至一周 30 份，那么倘若简历投递量达到了 30 份，也就意味着这次招聘 JD 优化合格，反之则不合格。

* JD：Job Description 的英文缩写，指职位描述，又叫职位界定。

第 2 节

HR 管理者的技能目标值要求

前文提到，HR 的技能分为执行、管理、决策三个层次，分别对应《职业规划表》中的不同层级，表 7–1 就针对不同规模企业的三个层级、四类 HR 管理者的技能进行了大致分类。

表 7–1　不同规模企业对三个层级 HR 管理者的专业技能分类

模块技能	HRS		HRM		HRD	
	中小型企业	大型企业	中小型企业	大型企业	中小型企业	大型企业
执行层技能	1. 至少某一个模块 4 分 2. 至少另一个模块 3 分	1. 至少某一个模块 4 分 2. 至少另两个模块 3 分	1. 至少某一个模块 4 分 2. 至少另两个模块 3 分	1. 至少三个模块 3 分 2. 至少其他模块 2 分	1. 至少某一个模块 4 分 2. 至少另两个模块 3 分	1. 至少三个模块 3 分 2. 至少其他模块 2 分
管理层技能	1. 至少 2 个模块 2 分	1. 至少某一个模块 3 分 2. 至少另两个模块 2 分	1. 至少某一个模块 4 分 2. 至少另两个模块 2 分	1. 至少三个模块 4 分 2. 至少其他模块 3 分	1. 至少某一个模块 4.5 分 2. 至少另两个模块 2 分	1. 至少三个模块 4.5 分 2. 至少其他模块 3 分

续表

模块技能	HRS		HRM		HRD	
	中小型企业	大型企业	中小型企业	大型企业	中小型企业	大型企业
决策层技能	无要求	无要求	1. 至少某一个模块 2 分	1. 至少三个模块 2 分 2. 至少其他模块 2 分	1. 至少某一个模块 2 分 2. 至少另两个模块 2 分	1. 至少某一个模块 3 分 2. 至少其他模块 2 分

一、合格 HRS 的技能要求

（一）中小型企业

要求至少某一个模块的执行层技能是 4 分、管理层技能是 2 分，对决策层技能无要求。

要求至少另一个模块的执行层技能是 3 分、管理层技能是 2 分，对决策层技能无要求。

（二）大型企业

要求至少某一个模块的执行层技能是 4 分、管理层技能是 3 分，对决策层技能无要求。

要求至少另两个模块的执行层技能是 3 分、管理层技能是 2 分，对决策层技能无要求。

二、合格 HRM 的技能要求

（一）中小型企业

要求至少某一个模块的执行层技能是 4 分、管理层技能是 4 分、决策层技能是 2 分。

要求至少另两个模块的执行层技能是 3 分、管理层技能是 2 分，对决策层技能无要求。

（二）大型企业

要求至少三个模块的执行层技能是 3 分、管理层技能是 4 分、决策层技能是 2 分。

要求至少其他模块的执行层技能是 2 分、管理层技能是 3 分、决策层技能是 2 分。

三、合格 HRD 的技能要求

（一）中小型企业

要求至少某一个模块的执行层技能是 4 分、管理层技能是 4.5 分、决策层技能是 2 分。

要求至少另两个模块的执行层技能是 3 分、管理层技能是 2 分、决策层技能是 2 分。

（二）大型企业

要求至少三个模块的执行层技能是 3 分、管理层技能是 4.5 分、至少一个模块的决策层技能是 3 分。

要求至少其他模块的执行层技能是 2 分、管理层技能是 3 分、其他模块的决策层技能是 2 分。

请注意，以上均为对合格的要求，而不是对优秀的要求。

合格表示基于任职资格的要求刚好能满足工作需要。

对于大型企业来讲，由于组织健全、人员齐全，HRM 更多的工作是指导下属和自己处理管理层技能，对于管理能力的要求高于专业能力。而 HRD 更多的工作是确定方向和执行高端任务，对管理和经营能力的要求高于专业能力，因此会出现执行层技能标准不高的情况。小型企业因为人员很少，大事小事均要由管理者自行处理，所以对管理者的执行层技能反倒要求较高。

各位读者可以自行用身边的企业对照即可知。

第 3 节

四种不同学习力的学习周期对照表

有了学习目标，还缺少对学习周期的有效评估，之前许多读者在确定学习工作计划时经常犯的一个错误就是忽略了不同学习力下不同技能的学习周期，设置了从时间上根本无法达成的学习目标。

表 7–2　不同学习力人员的学习周期对照表

<table>
<tr><th rowspan="2">学习力分数</th><th rowspan="2">技能类别（单项小技能）</th><th colspan="8">通常情况下每阶段的学习周期</th></tr>
<tr><th>阶段 1</th><th>所需时间</th><th>阶段 2</th><th>所需时间</th><th>阶段 3</th><th>所需时间</th><th>阶段 4</th><th>所需时间</th></tr>
<tr><td rowspan="2">2 分（偏弱）</td><td>通用素养</td><td rowspan="4">1—2 分</td><td>15—30 天</td><td rowspan="4">2—3 分</td><td>半年到 1 年</td><td rowspan="4">3—4 分</td><td>3 年以上</td><td rowspan="4">4—5 分</td><td>不可能</td></tr>
<tr><td>专业技能</td><td>7—15 天</td><td>2—3 个月</td><td>1—2 年</td><td>不可能</td></tr>
<tr><td rowspan="2">3 分（合格）</td><td>通用素养</td><td>7—15 天</td><td>2—3 个月</td><td>1—2 年</td><td>看天赋</td></tr>
<tr><td>专业技能</td><td>3—7 天</td><td>半个月到 1 个月</td><td>半年到 1 年</td><td>看天赋</td></tr>
</table>

续表

学习力分数	技能类别（单项小技能）	通常情况下每阶段学习周期							
		阶段1	所需时间	阶段2	所需时间	阶段3	所需时间	阶段4	所需时间
4分（优秀）	通用素养	1—2分	3—7天	2—3分	半个月到1个月	3—4分	半年到1年	4—5分	1—2年
	专业技能		1—3天		3—7天		2—3个月		半年到1年
5分（神）	通用素养		秒懂		3—7天		2—3个月		1年左右
	专业技能		秒懂		1—3天		半个月到1个月		半年左右

这里把技能分为两大类：通用素养类技能和专业类技能。

学习能力简称学习力，属于通用素养技能，在《职业规划表》里有对应的1—5分的详细标准。总的来说，学习力包含两部分。

第一部分：理解能力，也是逻辑思维能力——它决定你是否能快速打通知识技能之间的链接、厘清背后的规律。

第二部分：执行能力，也是学以致用能力——它决定你是否能把理解的内容真正用于实践、彻底掌握规律。

为何这样划分？

因为学习是一件以结果为导向的事情，看的不仅是你最终是否理解了，而是你最终是否能真正运用出来，详细逻辑我们在之前的文章中已经讲得很清楚，此处不再重复解析。

表7–3是学习力的等级分类。

表 7–3 关键通用能力自检对照标准

类别	代码	项目	1 分	2 分	3 分	4 分	5 分
学习领悟能力	C1	本岗位	无法接受或很难掌握新的知识和技能。	通过加倍努力能掌握新知识和技能，但仅停留在理论阶段，很难用以解决问题。	通过正常努力能掌握新知识和技能，熟练以后能灵活运用以解决问题。	无须很努力即可掌握新知识和技能，熟练以后能灵活运用以解决问题。	无须努力即可快速掌握新知识和技能，并能举一反三，广泛应用在各方面。
	C2	跨岗位					
	C3	跨领域					

由于 1 分这种情况比较极端，现实中这类情况极少，因此我们不进行讨论。

关于对《不同学习力人员的学习周期对照表》的解读，此处拿 2 分学习力的人举例：

根据表单，通用素养的学习周期第一阶段从 1 分学习到 2 分，需要 15—30 天。

根据表单，专业技能的学习周期第一阶段从 1 分学习到 2 分，需要 7—15 天。

这里指的是单个小技能的学习周期，而不是整个大模块的技能学习。

比如某 HR 的培训需求调查技能水平目前是 2 分，学习力水平是 3 分，那么该 HR 需要花费多长时间才能把培训需求调查技能从 2 分提升到 4 分？

因为学习力为 3 分、培训需求调查技能对应的是专业技能，所以从 2 分到 3 分，该 HR 需要花费半个月至一个月的时间；从 3 分到

4分，该HR需要花费半年至一年的时间。

将半个月到一个月和半年至一年做加法，得出，该HR的大致学习周期在半年至一年。

因此，假设该HR的学习力水平不变，其将培训需求调查技能从2分提升到4分需要半年至一年的时间。

从长远来看，如果想快速缩短学习周期，最好的办法就是提高学习力，学习力提升后，以上个案例为例，倘若该HR的学习力是4分，则培训需求调查技能从2分到4分的学习周期大幅缩短，变成了两至三个月的时间。

需要注意的是，此处的技能学习时间，通常情况下是指达到学以致用的水平，并且一段时间同时学习的技能不能超过3个，否则目标过于分散，很难达成。

理论上讲，同一个时期，学习的技能点越少，学习速度越快，这就是学习的聚焦专注法则，因此表单里的每个技能的学习周期都是一个时间范围，而不是一个准确的时间，也是基于这点考虑的。

综上所述，在做学习工作行动计划时，要根据职业目标匹配相应的技能学习，需要注意以下几点。

1. 真正形成的学习工作行动计划表，要根据 5W2H 法进行细节完善。

2. 不同层级、不同公司规模，对 HR 的技能要求不同，要根据不同的要求，按顺序学习。

3. 不同的学习力学习相同的技能，所花费的时间肯定不同。所以，提升学习力是磨刀不误砍柴工的事，它可以让你获得快速成长。

后记：四条忠告

笔者在此梳理了以下四条忠告，读者朋友们在为自己进行职业规划时需要特别留意。

1. 在做学习工作行动计划的时候，应当以工作为主导，以解决工作中碰到的紧急重要、最急需解决的问题为依据，安排学习。

2. 如果现有工作中不存在明显的问题，则应以自己的擅长技能为优先学习对象。

3. 学习忌讳贪多，通常情况下，在一年期目标中，笔者建议在前 3 个月或半年时间内只专注学习一个模块，一年之内的学习不宜超过三个模块。个别学习力超强的读者可以根据自己的基础和实际安排多学几个模块。

4. 在确定学习工作行动计划时，一般而言，优先学习的那个模块所需要时间是最长的。

如果一年内学习两个模块，则第一个模块学九个月为宜，只需要给第二个模块预留三个月时间即可，其中原理在前文中已有详细讲解。

希望各位读者对此能够真正理解并落地执行。

作业练习：

知道不是得到，做到才能得到。为了真正掌握职业规划的操作方法，请填写书籍附录中配套的职业规划相关表单。

附录 1

《个人经历信息表》

填表日期：　　年　　月　　日　　　　　　　　　　填表人：

姓名		性别		部门		岗位	
年龄		最高学历		毕业时间		毕业院校	
个人价值观简介（至少三个关键点，举例证明）：							
个人思维模式简介（至少三个关键点，举例证明）：							
个人行为习惯简介（至少三个关键点，举例证明）：							
从业经历简介（内容必须涵盖每份工作的部门、职位、工作时长、最大的收获和最大的痛苦、收入）：							

附录 2

《职业规划表》

填表日期：　　　年　　月　　日　　　　　　　　　　　　填表人：

姓名		**工号**		**部门**		**岗位**	
年龄		**最高学历**		**毕业时间**		**毕业院校**	
介绍一下自己的专长（举例证明）		对目前工作的希望（请给出希望的动机）		目前实施的结果			
结合专长和需要，自己希望选择哪条晋升通道：							
结合专长和需要，对自己 10 年的大致目标是：							
结合专长和需要，对自己 5 年的大致目标是：							
结合专长和需要，对自己 2—3 年的具体目标是：							

续表

结合自己的需要，选择的阶段性标杆人物是:		
个人现状	技能 / 能力的类型	简要描述目前所掌握的程度
目前具备的技能 / 能力	自我反省	－分
	时间管理	－分
	学习力	－分
	自律	－分
	沟通	－分
	问题分析解决	－分
	团队配合	－分
	招聘与配置	－分
	员工关系	－分
阶段目标（一年）:	技能 / 能力的类型	简要描述所需要达到的程度
岗位______ 收入______ 时限______	自我反省	－分
	时间管理	－分
	学习力	－分
	自律	－分
	沟通	－分
	问题分析解决	－分
	团队配合	－分
	招聘与配置	－分
	员工关系	－分

续表

差距分析	欠缺的知识和技能类型	具体补缺计划
需要掌握但目前尚欠缺的	工作分析	（详见学习行动计划）
	岗位说明书的撰写	（详见学习行动计划）
	任职资格要求的撰写	（详见学习行动计划）
	评估岗位招聘需求	（详见学习行动计划）
	招聘渠道开发	（详见学习行动计划）
	筛选简历	（详见学习行动计划）
	电话邀约技巧	（详见学习行动计划）
	面试活动组织	（详见学习行动计划）
	面试甄选能力	（详见学习行动计划）
	薪资谈判技巧	（详见学习行动计划）
	招聘方案的撰写与实施	（详见学习行动计划）
	招聘计划的明确	（详见学习行动计划）
	招聘体系搭建	（详见学习行动计划）
	高端人才猎聘	（详见学习行动计划）
	培训需求调查	（详见学习行动计划）
	培训课程设计	（详见学习行动计划）
	培训教材开发	（详见学习行动计划）
	内训师队伍建设	（详见学习行动计划）
	培训活动组织	（详见学习行动计划）
	培训效果评估	（详见学习行动计划）
	培训方案的撰写与实施	（详见学习行动计划）
	培训计划的明确	（详见学习行动计划）
	培训制度设计	（详见学习行动计划）
	培训体系搭建	（详见学习行动计划）
	个人 TTT 技巧	（详见学习行动计划）
	人才梯队建设	（详见学习行动计划）

附录 3

《自我管理能力自检对照标准表》（供参考）

类别	代码	项目	1分	2分	3分	4分	5分	平均分	现状分值	目标分值
自我反省能力	A1	学习	对自己的优点、缺点和现状认识完全一片混沌。	能说出自己的部分优点和缺点，但是对自己缺少清晰的全局认识。	对自己有整体的认知，并能说出自己的主要优缺点，但对自己的某些致命缺点无法作出合理描述。	对自己有全面的认知，并能说出自己的所有优缺点，但无法有效控制自己的优缺点。	对自己非常了解，并能有效规避自己的短处，充分发挥自己的长处。			
	A2	工作								
	A3	生活								
时间规划与管理能力	B1	学习	没有任何时间规划和管理能力，每天的时间安排一片混乱。	只有在事情非常少的时候才能合理安排自己的时间。	一般情况下能合理地安排自己的时间，但是事情一旦超出一般情况，就无法合理安排了。	就算在事情较多时也能合理安排自己的时间。但是当事情超出两倍左右时便无法合理有效安排时间了。	在任何情况下都能识别出轻重缓急，充分做好“断舍离”，并合理安排自己的时间达成预期目的。			
	B2	工作								
	B3	生活								

续表

类别	代码	项目	1分	2分	3分	4分	5分	平均分	现状分值	目标分值
学习领悟能力	C1	本岗位	无法接受或很难掌握新的知识和技能。	通过加倍努力能掌握新知识和技能，但仅停留在理论阶段，很难用以解决问题。	通过正常努力能掌握新知识和技能，熟练以后能灵活运用以解决问题。	无须很努力即可掌握新知识和技能，熟练以后能灵活运用以解决问题。	无须努力即可快速掌握新知识和技能，并能举一反三，广泛应用在各方面。			
	C2	跨岗位								
	C3	跨领域								
高效自律能力	D1	他人要求	几乎不能按照计划标准执行，只能完成临时、简单的目标。	部分情况下按照计划标准，能完成短期目标。	一般情况下能按照计划标准执行，但是对于复杂或者中长期的目标不能严格按计划执行。	在绝大多数情况下能按计划要求的标准严格执行，但是对于复杂和长期目标缺乏自律，不能严格按计划执行。	只要确定计划标准，所有标准均能严格执行。			
	D2	自我确定								
对异常的分析与解决能力	E1	他人要求	几乎不能执行任何任务。	只能执行一些很简单的任务，稍有异常便无法解决。	能执行一般性难度的任务。能解决一般性的异常问题。	能执行有一定难度的任务。能解决大多数“疑难杂症”。	碰见困难时总能寻求各种方法达成目标。能解决所有异常问题。			
	E2	自我确定								

续表

类别	代码	项目	1分	2分	3分	4分	5分	平均分	现状分值	目标分值
有效沟通能力	F1	向下沟通	很难将自己的意思表达出来，无法与他人达成共识。	基本能将自己的意思表达出来，但较难与他人达成共识。	能将自己的意思表达出来，在部分情况下能说服他人接受自己的观点。	有较好的话术、能换位思考，在多数情况下能说服他人、达成共识。	有很强的言语艺术和说服能力，极少有沟通失败的经历，总能与他人达成共识。			
	F2	向上沟通								
	F3	本部门平级沟通								
	F4	跨部门平级沟通								
团队合作能力	G1	本单位	无配合、无法沟通交流，固执己见。	很少配合，经常推卸责任，只有在强烈的要求和压力下才能配合工作。	能完成基本的工作配合，但面对较难开展的工作会互相推诿，不能换位思考。	能换位思考，可以接受并执行他人合理的工作要求，但缺少大局观。	能从大局出发，完全以大局为导向，善于听取他人意见和建议，能很轻松地与人配合工作。			
	G2	本部门								
	G3	跨部门								
	G4	跨公司								

附录 4

《领导力自检对照标准表》（供参考）

类别	代码	项目	1 分	2 分	3 分	4 分	5 分	平均分	现状分值	目标分值
管理者角色认识能力	A1	小型团队（100 人以下）	在所有情况下都不知道在何时应该承担何种角色，完全没有角色概念，在工作中，角色完全错位。	在部分情况下知道自己何时该承担何种角色，但在实际工作中，大部分情况下会出现角色错位。	在一般情况下都清晰地知道自己何时该承担何种角色，但在事情较多时，容易出现角色错位。	在大部分情况下都能快速明确自己何时该承担何种角色，但在紧急、复杂的工作中容易出现角色错位。	在几乎所有情况下都能条件反射般地明确自己何时该承担何种角色；在任何工作中都能游刃有余地处理自己的角色。			
	A2	中型团队（100—500 人）								
	A3	大型团队（500—5000 人）								
	A4	巨型团队（5000 人以上）								

续表

类别	代码	项目	1 分	2 分	3 分	4 分	5 分	平均分	现状分值	目标分值
目标管理能力	B1	短期	在所有情况下都不会对目标进行分解，完全是拍脑袋定目标，目标经常达不成。	在部分情况下能对简单的目标进行粗略的分解，但从来不进行目标的验证评估；只有少量目标能达成。	在一般情况下能对普通的目标进行基本的分解和评估，并能达成目标，但对较难的目标无法下手分解，导致达不成。	在大多数情况下都能对目标进行有效的分解和评估，并能达成目标，对于很难的目标无法有效分解和评估，无法达成。	在几乎所有情况下都能对目标进行有效分解和评估并且达成，极少失败。			
	B2	中期								
	B3	长期								
计划管理能力	C1	短期	在所有情况下都不会做计划，做事完全凭感觉，走一步算一步，计划完全缺失。	在部分情况下能对简单的事情进行计划，但计划中只有主要步骤，缺乏细节要素。	在一般情况下能对普通事情进行计划，步骤齐全、细节全面，但缺乏异常评估的替代方案。	在大多数情况下都能对事情进行详细、全面的计划，并给出匹配异常的替代方案，但对于复杂事件容易遗漏关键要素，且计划冗杂。	在几乎所有情况下都能制订详细、周密的计划，且计划清晰合理，全部都能落地实施。			
	C2	中期								
	C3	长期								

续表

类别	代码	项目	1 分	2 分	3 分	4 分	5 分	平均分	现状分值	目标分值
过程管理能力	D1	小型团队（100 人以下）	在所有情况下都不会进行过程管控，事情进展全凭“天意”，完全不受控制。	在部分情况下能对简单事情进行大致的过程管控，但经常遗漏细节，事情稍微复杂一点，便会顾此失彼、进度失控。	在一般情况下能对普通事情进行过程管控，控制进度；但复杂的事情一旦出现异常，便会手忙脚乱、无所适从。	在大多数情况下都能对事情进行全面的过程管控，控制进度，但对于特别复杂且异常频发的事情无法有效管控进度。	在几乎所有情况下都能对所有事情进行有效、灵活的全面进度管控，控制进度，对进度中所有异常状况都能妥善协调处理。			
	D2	中型团队（100—500 人）								
	D3	大型团队（500—5000 人）								
	D4	巨型团队（5000 人以上）								
异常管理能力	E1	小型团队（100 人以下）	在所有情况下面对任何异常都无法应对。	在部分情况下能带领团队处理好已经发生的简单异常，但只要事情稍微复杂就无法应对。	在一般情况下能够带领团队处理好已经发生的异常，对于正在发生和还未发生的异常无法及时止损和提前预防。	在大多数情况下能带领团队对正在发生的异常及时止损、对已经发生的异常亡羊补牢，对于普通异常能够做到标本兼治，但对于复杂异常无法断根。	在几乎所有情况下都能提前规划并带领团队妥善预防和解决所有异常，对于绝大部分异常都可以做到标本兼治。			
	E2	中型团队（100—500 人）								
	E3	大型团队（500—5000 人）								
	E4	巨型团队（5000 人以上）								

续表

类别	代码	项目	1 分	2 分	3 分	4 分	5 分	平均分	现状分值	目标分值
关系管理能力	F1	小型团队（100 人以下）	在所有情况下都不知道如何处理团队成员间的关系，团队稍有冲突气氛便会乌烟瘴气、非常混乱。	在部分情况下能处理团队简单的员工利益纠纷，但纠纷稍微复杂，便会无从下手。	在一般情况下能解决团队已经发生的一般员工之间的利益冲突。但是无法有效协调复杂的利益冲突，且无法预知冲突。	在大多数情况下能解决团队所有普通的利益冲突，且能对一般员工之间的利益冲突做到提前预防，但是对于较难识别的人和重大利益冲突无法做到有效预知和协调。	在几乎所有情况下都对团队成员了如指掌，能预防利益冲突的发生，团队氛围十分融洽。			
	F2	中型团队（100—500 人）								
	F3	大型团队（500—5000 人）								
	F4	巨型团队（5000 人以上）								
成员激励能力	G1	小型团队（100 人以下）	在所有情况下都对团队成员一无所知，无法激励团队成员，团队稍有困难，便士气低落、人心涣散。	在团队资源丰富时会花费大量资源对团队成员进行短期激励，但时间稍长，激励便会失效。	在团队资源一般时也能根据大部分团队成员的明显需求进行中短期的激励提升士气，但无法应对团队资源较少的情况且做不好长期激励。	在团队资源较少时也能根据团队成员的需求进行中短期的激励、提升士气，但无法形成长效激励。	在所有情况下都能因地制宜、因人而异地做好成员的激励工作，绝大部分团队成员能长时间保持高昂的士气。			
	G2	中型团队（100—500 人）								
	G3	大型团队（500—5000 人）								
	G4	巨型团队（5000 人以上）								

续表

类别	代码	项目	1分	2分	3分	4分	5分	平均分	现状分值	目标分值
工作教导能力	H1	对学习力强的人	在所有情况下都无法教会别人任何事情。	在花费较多的时间的情况下，能教会别人非常简单的操作步骤，但稍微复杂一点的技能便无法教会别人。	能教会别人普通难度的操作步骤和工作内容，但无法教会难度较大的技能，且无法教会别人技能核心，导致别人只能照本宣科，算是教学高手。	能快速教会别人几乎所有的操作步骤和工作内容与技能核心，但对于较难的内容无法教会别人技能核心，堪称教学大师。	能艺术性地快速教会别人所有的操作步骤、工作内容、操作原理，并能使别人掌握技能核心、举一反三，堪称点石成金的宗师。			
	H2	对学习力中等的人								
	H3	对学习力弱的人								
人才培养能力	I1	小型团队（100人以下）	在所有情况下都无法开展团队人才培养工作，导致几乎所有团队成员都无法成长。	在工作顺利时对于非常上进的团队成员能简单培养，但是成长速度较为缓慢。	在工作一般时对较为上进的团队成员能进行满足工作需要的基本培养，但在面临更高层级的工作时，团队中经常无人可用。	在工作较难开展时也能对团队中各类成员进行有效的培养，团队的人才梯队建设状态良好，但是团队成员的成长速度普通。	在任何时候都能对团队中各类成员合理培养，团队的人才梯队时刻处于储备完善的状态，且团队人员的成长速度远超平均速度。			
	I2	中型团队（100—500人）								
	I3	大型团队（500—5000人）								
	I4	巨型团队（5000人以上）								

续表

类别	代码	项目	1分	2分	3分	4分	5分	平均分	现状分值	目标分值
合理授权能力	J1	小型团队（100人以下）	在所有情况下，都是事事亲力亲为，从不授权。	在任务不紧急时能将一些简单的事情进行基本授权，以达成团队任务，任务稍微紧急便不会授权。	在任务一般紧急时能对大部分事情进行合理授权，以达成团队任务，但任务紧急时不会授权或会出现授权失败，成员无法发挥各自长处，可能导致任务失败。	在绝大多数情况下能对大部分事情进行合理授权，人尽其用，完成团队任务，但当事情有一定难度和复杂度时，虽然能完成任务，但存在人员优势浪费。	在几乎所有情况下都能对任何事情合理授权，用人所长、知人善任，完成团队的各项任务。			
	J2	中型团队（100—500人）								
	J3	大型团队（500—5000人）								
	J4	巨型团队（5000人以上）								
跨部门协调管理能力	K1	单部门	在所有情况下对跨部门管理与协调工作都完全束手无策。	能对简单工作进行跨部门协调，但协调时考虑得不够周到，稍微复杂的工作就无法协调，导致工作停滞不前。	能处理好普通跨部门协调管理工作，达成协调目标，但对于有一定难度的协调工作无法兼顾所有涉及的人员，可能导致协调失败。	能处理好绝大部分跨部门协调管理工作，达到预期目标，但对于涉及人员极其广泛且复杂的工作无法开展有效协调。	在几乎所有情况下都对各类跨部门间的协调管理游刃有余，都能达成目标。			
	K2	多部门								
	K3	全公司								
	K4	跨公司								

续表

类别	代码	项目	1 分	2 分	3 分	4 分	5 分	平均分	现状分值	目标分值
平台体系搭建能力	L1	小型团队（100 人以下）	在所有情况下都完全没有任何流程体系，全凭团队成员个人经验做事。	对于熟悉的工作内容，能基于实情将工作经验创建为工具表单和标准的操作技巧，在团队中施行，但无法形成程序和制度。	对于大部分工作内容，都能基于实情将工作经验转化为程序、制度、配套工具技巧，但在实施时部分内容无法落地。	对于绝大部分工作内容都能基于实情将工作经验转化为程序、制度、配套工具技巧并推行落地，但体系无法应对较复杂的变动。	在任何时候、对所有工作都能建立完善的体系，并能根据团队实际灵活调整，确保落地。			
	L2	中型团队（100—500 人）								
	L3	大型团队（500—5000 人）								
	L4	巨型团队（5000 人以上）								

图书在版编目（CIP）数据

精准定位：资深 HR 教你如何做好职业规划实现人生破局 / 瓮春春，瓮兴兴著．—北京：中国法制出版社，2021.7

（百习而见商学院系列 / 瓮春春主编）

ISBN 978-7-5216-1913-3

Ⅰ．①精… Ⅱ．①瓮… ②瓮… Ⅲ．①职业选择 Ⅳ．① C913.2

中国版本图书馆 CIP 数据核字（2021）第 099784 号

策划编辑：郭会娟

责任编辑：郭会娟　　封面设计：汪要军

精准定位：资深 HR 教你如何做好职业规划实现人生破局

JINGZHUN DINGWEI：ZISHEN HR JIAO NI RUHE ZUOHAO ZHIYE GUIHUA SHIXIAN RENSHENG POJU

著者 / 瓮春春　瓮兴兴

经销 / 新华书店

印刷 / 三河市紫恒印装有限公司

开本 / 710 毫米 ×1000 毫米　16 开　　印张 / 12.25　字数 / 200 千

版次 / 2021 年 7 月第 1 版　　2021 年 7 月第 1 次印刷

中国法制出版社出版

书号 ISBN 978-7-5216-1913-3　　定价：42.80 元

北京西单横二条 2 号　邮政编码 100031　　传真：010-66031119

网址：http://www.zgfzs.com　　**编辑部电话：010-66038703**

市场营销部电话：010-66033393　　**邮购部电话：010-66033288**

（如有印装质量问题，请与本社印务部联系调换。电话：010-66032926）